COUVERTURE SUPERIEURE ET INFERIEURE
EN COULEUR

LE
MONDE TEL QU'IL EST

PREFACE — THE ARTISTS METIER IS CHARACTER

LE
MONDE TEL QU'IL EST

LIVRE DES JEUNES FILLES

Mme LA COMTESSE DE BASSANVILLE

PARIS

LIBRAIRIE D'ÉDUCATION

GÉRANT : AMABLE RIGAUD, ÉDITEUR

A MADEMOISELLE DE PARNY

Ma chère Ida,

Permettez-moi de vous dédier ce modeste livre, dans lequel, sous le titre du *Monde tel qu'il est*, je cherche à faire comprendre à mes jeunes lectrices que, derrière les apparences les plus aimables, le monde cache souvent les pièges les plus dangereux. Si elles vous connaissaient, elles n'auraient pas besoin de cette leçon, car personne plus que vous ne sait joindre le tact à l'esprit, la grâce à la solidité, et elles n'auraient alors qu'à chercher à vous imiter; mais à défaut de ce bonheur, j'ai pensé que votre nom seul serait une aide puissante pour me faire écouter d'elles avec plaisir; et écouter c'est profiter souvent.

Agréez donc ce souvenir, chère Ida, et laissez-moi me dire comme toujours

A vous de tout cœur.

Comtesse DE BASSANVILLE.

FERMINA

FERMINA

On était au mois de mai, et il faisait une de ces joyeuses journées de printemps pendant lesquelles Paris commence à se dépeupler, tant tout ce qui n'est pas condamné à la capitale à perpétuité a hâte d'aller jouir de cette belle et fraîche verdure qui chez nous vient si tard et dure si peu.

Une femme de quarante-cinq à quarante-huit ans, sur la figure de laquelle on voyait encore les restes d'une beauté remarquable, dont la toilette indiquait le goût le plus parfait, et dont les moindres gestes dénonçaient les habitudes aristocratiques, se tenait debout sur le perron d'une charmante maison de campagne située à l'extrémité du village de Bougival, tandis qu'un modeste coupé, attelé d'un alezan bai-brun, s'arrêtait devant la première marche de ce perron.

— Ah! vous voilà enfin, mon cher docteur! s'écria-t-elle

en s'adressant à un homme d'une soixantaine d'années
qui franchissait aussi rapidement qu'il le lui était possible
l'espace qui le séparait d'elle : vous voilà ! je vous attendais
avec une si grande impatience. je vous jure, que c'est au
moins la dixième fois que je sors pour voir si vous n'arri-
viez pas.

— J'ai demandé ma voiture aussitôt que votre billet
m'a été remis. madame la baronne, fit le docteur en baisant
avec galanterie la main de son interlocutrice. et j'ai fort
grondé Germain de ne pas m'avoir éveillé aussitôt qu'il
est arrivé, car ce n'est que ce matin à huit heures que le
drôle en entrant dans ma chambre me l'a remis; et vous
voyez que je n'ai pas perdu de temps, puisqu'à peine en
est-il dix maintenant. Mais notre belle Fermina est donc
véritablement bien malade. que vous ayez ainsi envoyé au
milieu de la nuit chez moi? ajouta-t-il avec inquiétude.

— Véritablement !... j'espère bien que non ! Comme
vous y allez vivement. messieurs de la Faculté... vous ne
voulez jamais voir que morts et mourants. s'exclama la
baronne. Seulement je suis entrée dans sa chambre avant
de me coucher. son sommeil m'a semblé inquiet. fiévreux.
ce qui a complètement chassé chez moi toute envie de dormir et m'a fait vous demander. car j'ai pour système qu'il
vaut mieux prévenir le mal que de l'attendre.

— Eh bien ! allons près d'elle. dit le docteur en mettant le pied sur la première marche de l'escalier.

— Attendons avant pour savoir si elle est éveillée. fit

la baronne qui ouvrit la porte du salon pour y introduire le nouvel arrivant, et s'approchant de la cheminée elle sonna avec force : une jeune femme de chambre entra aussitôt.

— Mademoiselle est-elle éveillée ? demanda la baronne.

— Je l'ignore, madame, elle ne m'a pas encore sonnée : mais si madame veut, je vais entrer tout doucement dans sa chambre pour m'en assurer, dit respectueusement celle-ci.

— Allez et revenez au plus vite, lui répondit sa maitresse.

Comme elle sortait, une porte donnant dans le parc fut ouverte, et une jeune fille tenant une grande corbeille remplie de fleurs dans ses bras entra dans le salon.

— Bonjour, ma tante ! fit-elle en s'approchant doucement de la baronne.

— Bonjour, bonjour, Georgette ! répondit celle-ci avec distraction.

Alors la jeune fille aperçut le docteur.

— Oh ! mon Dieu, s'écria-t-elle la voix émue, ma sœur serait-elle donc malade, que voici M. le docteur Moranvel ?

Mais en ce moment la femme de chambre étant rentrée, pour dire que mademoiselle était visible, la demande anxieuse de la pauvre enfant resta sans réponse, et la baronne, suivie du docteur, quitta aussitôt le salon. Georgette soupira tristement, puis, secouant doucement la tête comme pour en chasser une pensée importune, elle s'occupa à garnir les jardinières et les vases du salon de toutes les fleurs charmantes qu'elle venait d'apporter. Cela fait, comme il lui en restait encore, elle descendit à l'office, et prévoyant que le docteur allait sans doute déjeuner avec sa tante, elle voulut préparer les corbeilles de fruits qu'elle entremêla avec des fleurs, et s'inquiéta si tout serait bien au goût de leur hôte.

Mais avant d'aller plus loin, faisons connaissance avec les personnages que nous venons de mettre en scène et que nous retrouvons tout à l'heure dans la chambre de la belle Fermina, chambre vers laquelle ils s'acheminaient en cet instant.

La baronne de Rieusse avait été fort belle, ainsi que nous l'avons dit plus haut, et, gâtée par les flatteries du monde, elle s'était imaginée que, de tous les dons du ciel, le plus précieux est la beauté. Restée veuve jeune et riche, elle eût sans doute songé à se remarier, si à cette époque une jeune sœur, veuve comme elle, sœur qu'elle aimait tendrement, ne fût venue à mourir en lui confiant ses deux enfants. Malgré la légèreté de son caractère et son culte pour la beauté, madame de Rieusse était véritablement bonne ; aussi, quand sur ce lit de mort elle jura de servir de mère aux pauvres petites orphelines, se promit-elle d'en remplir le devoir en conscience. Malheureusement entre ces deux enfants il y avait une différence complète. Georgette, la cadette d'un an, était maigre, brune, maladive, fort laide enfin, puisqu'il faut dire la chose, tandis que Fermina ressemblait à un de ces beaux anges dont le

suave pinceau de Raphaël entoure la mère de Dieu; aussi.
sans que Mme de Rieusse s'en aperçût, car ce fut peu à peu,
Fermina emporta vers elle tout l'amour de sa tante, tandis
que la pauvre Georgette n'en obtint que l'indifférence; pourtant l'éducation qu'elle leur donna était égale pour toutes
deux; mais les maitres, qui voyaient la tendresse bien mar-
quée de la baronne, donnaient tous leurs soins à Fermina.
sans s'inquiéter de Georgette. Fermina avait les robes les
plus fraiches, les toilettes les plus charmantes, et de cela
Mme de Rieusse s'en occupait elle-même, tandis qu'elle laissait sa femme de chambre habiller Georgette à sa guise.

— Ce sera toujours assez bon pour ma petite *laideronnette*, dit-elle d'abord en souriant, puis répéta-t-elle avec
conviction.

Et pourtant Georgette était bien loin de mériter ce surnom malveillant, car à l'époque où nous commençons cette
histoire, bien qu'elle ne possédât pas la merveilleuse beauté
de sa sœur, elle avait la figure la plus distinguée, la plus
suave et la plus charmante qu'il se pût voir; mais la baronne, restée toujours sous sa première impression, ne
s'était pas aperçue du changement complet qui s'était fait
dans le petit *laideron* qu'elle avait adopté jadis.

L'éducation des deux sœurs s'était profondément ressentie de la différence que l'on faisait entre elles. Fermina,
gâtée par les amis de sa tante, courtisée par les domestiques,
était devenue impérieuse, volontaire et coquette; tandis
que la pauvre Georgette, délaissée, oubliée, était bonne.

charitable et modeste. Fermina régnait au salon. Georgette était adorée dans les chaumières et par les domestiques de la maison, dont elle palliait ou dissimulait les
fautes, qu'elle soignait dans leurs maladies, qu'elle consolait dans leurs chagrins. Aussi, si sa sœur et sa tante l'appelaient leur laideronnette, tous l'appelaient leur bon
ange, et ce dernier surnom était bien autrement mérité
que le premier, d'autant qu'elle s'était mise complaisam-
ment à la tête de la maison et que tout ne marchait que
d'après ses ordres et sous sa surveillance, madame de
Rieusse s'étant trouvée très-heureuse de se débarrasser sur
elle de ce fardeau qui lui semblait trop lourd.

Les deux sœurs s'aimaient tendrement : mais toutes les
deux apportaient dans cet amour fraternel les nuances
bien distinctes de leur caractère. Fermina, habituée à gou-
verner despotiquement même sa tante, exerçait surtout
son empire sur la douce et bonne Georgette ; elle la voulait pour la coiffer, elle la voulait pour l'habiller, pour la
parer si elle allait au bal, pour la soigner si elle était malade ; rien ne lui semblait bien fait si ce n'était fait ou or-
donné par elle : mais cela nécessitait une occupation
instante pour la pauvre Georgette et lui attirait souvent
les plus dures rebuffades, rebuffades qu'elle supportait avec
une douceur angélique et un sourire maternel : pour elle,
Fermina était un cher enfant volontaire et gâté, mais un
enfant adoré aussi, et tout lui semblait facile à supporter
de sa part.

Il est vrai que les maussaderies de Fermina étaient entremêlées de caresses et de chatteries si affectueuses que le mal, disait l'indulgente fille, était compensé et au delà par le bien.

Mais revenons à notre histoire.

Arrivée à la porte de la chambre de la malade, Mme de Rieusse l'ouvrit doucement et fit entrer le docteur Moranvel après elle, puis s'approchant à pas de loup du lit de Fermina, qui, retournée du côté du mur, paraissait ne rien entendre de ce qui se passait autour d'elle :

— Dors-tu, mon bel ange? dit-elle d'une voix si basse qu'elle ressemblait à un murmure.

— Non, ma tante, fit la jeune fille en étendant les bras et se retournant vers Mme de Rieusse comme pour l'embrasser: mais en apercevant le docteur elle poussa une exclamation de surprise.

— Ah! vous voilà, monsieur! s'exclama-t-elle; qui donc est malade ici?

Le bon M. Moranvel se prit à sourire :

— Personne, il paraît, ma chère enfant, car c'est pour vous que votre excellente tante m'a fait appeler, et quand un malade ignore son mal, c'est que la maladie n'est pas dangereuse, il me semble.

Comme la craintive baronne allait répondre, la porte de la chambre fut encore ouverte avec précaution, et Georgette, qui avait terminé ses petits arrangements intérieurs, entra marchant légèrement sur la pointe de ses pieds mignons.

— Mon Dieu ! est-ce que tu es malade, ma sœur ? demanda-t-elle en parcourant le groupe de son regard inquiet.

— Mais non, je n'ai rien, dit Fermina en fronçant les sourcils et pinçant les lèvres d'un air d'assez maussade humeur : c'est ma tante qui a eu la belle imagination de déranger tout le monde et d'interrompre mon sommeil pour s'amuser à faire du sentiment.

— C'est au contraire ton sommeil agité qui m'a donné de l'inquiétude, fit doucement M⁰ᵉ de Rieusse, et j'ai craint que tu ne fusses indisposée ce matin...

— Vous avez craint... vous avez craint... interrompit brusquement Fermina, vous avez craint de n'avoir pas assez de temps dans la journée pour me tourmenter, et vous êtes même venue me déranger dans mon sommeil. Je suis, en vérité, bien malheureuse de n'avoir pas un moment de liberté sans subir votre inquisition incessante. Est-ce que vous persécutez ainsi Georgette, je vous le demande ?

— Mais...

— Eh bien ! cela m'ennuie, me fatigue... et je veux être libre de dormir ou de veiller suivant mon bon plaisir, reprit vivement la capricieuse fille. D'ailleurs, si mon sommeil était agité, la faute en est non à ma santé, mais à Georgette, qui n'a pas achevé hier au soir mon fichu, ce qui m'a très-fort contrariée.

— Comment! vous avez fait cela, Georgette! s'écria avec vivacité la baronne, heureuse de verser sur une autre la mauvaise humeur dont l'abreuvait sa nièce bien-aimée, mauvaise humeur que d'ailleurs elle gagnait elle-même : c'est fort mal, entendez-vous? et quand on manque de beauté, il faut au moins avoir du cœur. Ne pouviez-vous veiller plus tard et achever le fichu que désirait votre sœur?

— Et c'est ce que j'ai fait, ma tante, dit Georgette en interrompant à son tour, mais avec douceur, la baronne, et j'en réservais la surprise à Fermina pour son réveil. Mais, en la croyant malade, chiffons et dentelles se sont envolés loin de ma mémoire.

— Oh! merci... merci, mon cher ange aimé! s'exclama Fermina en frappant ses petites mains l'une contre l'autre avec joie. Vite, vite, ma tante, emmenez le bon docteur au salon, pour que je puisse me lever aussitôt, afin d'aller voir le joli fichu que m'a fait Georgette.

Et pendant que Mme de Rieusse obéissait à cet ordre souverain, Georgette habillait sa sœur avec tout l'orgueil et toute la tendresse d'une mère.

Comme chaque jour voyait se renouveler, sous diverses formes peut-être, mais ne variant en rien par le fond, la petite scène d'intérieur que nous venons de vous décrire, mes aimables lectrices, il serait trop long et trop fatigant de suivre pas à pas nos deux héroïnes: aussi allons-nous les faire arriver subitement à l'événement important qui forme la base de cette histoire.

2

Deux mois après ce que nous venons de vous raconter, nous retrouvons encore Mme de Rieusse sur le joli perron de son élégante villa. villa située. comme nous vous l'avons déjà dit, à l'extrémité du village de Bougival. du côté de la forêt de Saint-Germain et dans une position des plus pittoresques. Mais cette fois la baronne n'était pas seule : ses deux nièces l'accompagnaient. et ni les unes ni les autres ne saluaient d'un seul regard d'admiration la campagne riche et variée qui s'étend des rives de la Seine au berceau du grand roi: pourtant le soleil de juillet étincelait dans la vallée et faisait briller comme des miroirs les toits d'ardoises des jolies maisons blanches que les environs de Saint-Germain éparpillent çà et là sur un tapis de verdure.

Ces dames étaient donc très-préoccupées. puisque cet aspect délicieux n'avait aucune influence sur elles? En effet, elles attendaient une visite importante : car cette visite était celle d'un prétendu.

— Êtes-vous bien sûre que Mme de Launay vous conduira aujourd'hui le mari qu'elle me destine? demanda Fermina avec nonchalance. C'est une chose en vérité bien ennuyeuse que l'attente, et je prendrais volontiers ce monsieur en horreur pour tout l'embarras qu'il nous cause. Eh bien ! sœur Anne. ne vois-tu rien venir? fit-elle en apercevant Georgette qui, montée sur la dernière marche et se faisant une lorgnette de sa petite main, regardait la route avec une grande attention.

— Je ne vois que la poussière qui poudroie et le soleil qui verdoie : mais de prétendu pas plus que sur ma main, répondit celle-ci en riant et continuant la plaisanterie.

— Alors, rentrons au plus vite, dit Fermina; car ce que nous attraperons le plus sûrement, ce sera un coup de soleil, et je m'en soucie encore moins que d'un mari.

Et tout en parlant, suivie de sa tante et de sa sœur, elle rentra au salon.

Pendant que ces dames travaillent autour de la table, nous allons, si vous le voulez bien, faire connaissance avec le jeune homme attendu.

Le baron Maurice de Neuilly venait d'entrer dans sa vingt-septième année; c'était un de ces hommes que de toute façon le sort a traités en enfants gâtés, en leur donnant à la fois un grand nom et une grande fortune, plus la distinction que ne donnent souvent ni la fortune ni le nom. Maître de sa fortune depuis sept ans, libre de ses actions depuis sa majorité, il avait joui à son loisir de cette vie dévorante de Paris, sans que jamais la plus scrupuleuse rigidité ait eu un reproche à faire à sa conduite : et bon, simple et bienveillant, il semblait le seul qui ignorât sa supériorité.

Lié avec M== de Launay, une honorable amie de la baronne de Rieusse, il avait si souvent entendu parler de la beauté vraiment merveilleuse de Fermina, beauté jointe à une grande fortune et à une position sociale équivalente à la sienne, que, songeant à se marier, le jeune baron de

Neuilly avait demandé à M⁰ᵉ de Launay de le présenter à ces dames, et jour avait été pris pour la matinée même où nous avons retrouvé nos héroïnes faisant le guet sur le perron de la villa. Aussi, fort peu d'instants après leur rentrée au salon, le fouet d'un postillon et le galop sur le pavé du village de quatre forts chevaux attelés à une chaise de poste (alors il n'y avait pas encore de chemin de fer) firent tressaillir nos travailleuses, les unes de curiosité, les autres d'orgueil, et peu d'instants après la porte du salon, brusquement ouverte, donna entrée à Mᵐᵉ de Launay suivie de son protégé.

On se présenta de part et d'autre, on fit valoir les charmes, les grâces, les attraits de la belle Fermina, et de part et d'autre aussi la modeste Georgette fut complétement oubliée. Le monde suit si facilement l'exemple qu'on lui donne! Et comme la baronne ne semblait jamais s'occuper que de l'aînée de ses nièces, ne conduisait la seconde que fort rarement avec elle dans les soirées et même en intimité chez ses amies, la pauvre enfant n'existait pour personne, et jamais on n'avait songé à y penser d'aucune manière. Aussi, pendant toute la visite des intéressants voyageurs, elle resta humblement assise loin d'eux, placée devant un métier de tapisserie mis dans l'embrasure de la fenêtre, observant avec un tendre intérêt et sans jalousie aucune une entrevue qu'elle pensait si importante pour l'avenir de sa sœur bien-aimée, et si elle quitta sa place, ce fut pour se glisser avec la légèreté

d'une sylphide loin du salon, afin de présider à une colla-
tion aussi délicieuse qu'élégante qui devait être servie à
leurs hôtes.

Le jeune baron de Neuilly ne fit, lui non plus, aucune
attention à Georgette. Émerveillé de la beauté de Fermina, il n'avait pas assez de ses regards pour s'en repaître,
et tous les autres objets lui restèrent non-seulement indif-
férents, mais même étrangers. Aussi ce fut avec enthou-
siasme que, quand il se retrouva seul avec M⁻ᵉ de
Launay dans la voiture qui les avait amenés, il la
supplia en grâce de demander au plus vite pour lui la
main de la jeune fille charmante qu'il venait de connaître.
— Peu de jours après, il fut reçu chez la baronne comme
le prétendu déclaré de Fermina.

— Quelle est la jeune personne qui habite avec madame votre tante et qui semble aussi de la maison ?
demanda un jour le baron à sa charmante fiancée ; et il
désigna Georgette.

— C'est ma sœur, répondit Fermina en rougissant
malgré elle ; mais pourquoi me demandez-vous cela, monsieur ?

— C'est que j'ignorais que vous eussiez une sœur,
mademoiselle, et que je me sentais attiré par la douce et
charmante jeune fille que je voyais auprès de vous, répon-
dit-il ; c'était un pressentiment, vous le voyez, puisqu'elle
doit devenir également ma sœur.

Quoique les paroles de son fiancé eussent été prononcées avec une bienveillante affection, elles blessèrent profondément Fermina ; c'était la première fois que sa sœur était remarquée auprès d'elle ; aussi répliqua-t-elle aussitôt avec impatience et aigreur :

— Il faut avouer, monsieur, que vous êtes plus qu'indulgent si vous trouvez Georgette charmante ; car elle fait un effet si contraire à ceux qui la voient, que c'est Laideronnette que chacun l'appelle ici... quoique ce soit pourtant une excellente fille, ajouta la coquette enfant en sentant sa conscience se révolter contre ses paroles méchantes. et que nous aimons tous du plus profond de notre cœur !

Mais le coup était porté : M. de Neuilly venait de comprendre qu'il s'était engagé beaucoup trop loin avant de mieux connaître celle qu'il destinait à être la compagne de sa vie. Aussi, prétextant de graves affaires qui le rappelaient promptement à Paris, il refusa de rester avec ces dames, et partit presque aussitôt.

Le lendemain, il ne vint pas ; mais le jour suivant, ayant réfléchi qu'il agissait mal en se retirant ainsi, sur une raison aussi futile : que Fermina d'ailleurs pouvait avoir laissé échapper un mouvement involontaire et tout à fait en dehors de son caractère, mouvement du reste qu'elle avait réparé aussitôt, il monta à cheval de très-bonne heure et se mit en route pour la villa de la baronne.

Quand il arriva, personne n'était encore éveillé au logis. Quand nous disons personne, nous voulons parler de Mme de Rieusse et de sa nièce: car notre amie Georgette, levée dès l'aube, avait déjà rempli tous les soins utiles d'une bonne ménagère, et M. de Neuilly, qui venait de monter les marches du perron, s'arrêta silencieusement pour contempler le charmant tableau qui s'offrait à ses regards.

Georgette, suivant son ordinaire, ornait de fleurs tout le salon, et, se croyant seule, elle chantait comme une jeune fauvette, papillonnant d'une corbeille à un vase, d'une jardinière à une potiche, afin de bien assortir les nuances de ses bouquets. La joie s'échappait de ses regards, le sourire de ses lèvres, et, en vérité, elle était délicieusement jolie ainsi, quoique sa toilette fût des plus modestes. Ses cheveux bruns, relevés tout simplement en bandeaux luisants, une simple robe de toile montante, un col et des bouffants unis, un petit tablier noir et des bottines de coutil en faisaient tous les frais ; mais il régnait dans tout cela un air de propreté, de tenue, de chasteté virginale qui impressionnait l'âme autant de respect que d'admiration. Aussi le baron, ne voulant pas intimider Georgette par sa présence, se retira sans bruit, et, tout pensif, sortit pour se promener dans le village.

— Monsieur le baron perd déjà patience? lui dit d'un air narquois, en le voyant, sortir le père Claude, jardinier-concierge de la villa. Ah! dame, c'est qu'il faut attendre quand on veut voir nos dames le matin. Y n' fait jour pour elles qu'à midi, deux heures queuqu' fois. N'ia qu' le bon p'tit ange qu'est toujours levé comme les oiseaux : mais c'est pas à lui qu' monsieur le baron a affaire, à c' qui paraît, suivant ce qu' disent les autres.

M. de Neuilly se prit à sourire.

— Et qui appelez-vous le petit ange, mon ami? demanda-t-il, quoiqu'il pressentît fort bien la réponse.

— C'est mamselle Georgette, ça, que tout l' monde appelle comme ça ici, dit le père Claude en haussant les épaules. Quand j' disons tout l' monde, c'est des pauv' gens, des gens du commun que j' voulons dire, car j' savons ben qu' madame la baronne et sa chipie de nièce l'appellent Laideronnette : mais nous, nous n' l'appelons que l' bon ange, parce qu'elle est un ange pour nous. Quand on est malade, qu'est-c' qui vous amène l' médecin? qu'est-c' qui vous fait avaler des drogues? Mamselle Georgette! Qu'est-c' qui vous apporte du pain quand vous avez faim? Mamselle Georgette... Qu'est-c' qui vous essuie vos larmes quand vous pleurez, et ça avec des mains aussi blanches que celles des chérubins et en vous disant de ces douces paroles du bon Dieu? Mamselle Georgette, et toujours et partout mamselle Georgette, ou plutôt le bon ange du paradis. Et tout cela tandis que sa sœur fait la princesse et nous fait tous enrager. Ah! qu' vous faites ben de l'emmener, monsieur le baron, et d' nous laisser not' providence: car maudit soit celui qui l'enlèvera au pays! Mais pardon, excuse, j' vous quitte: v'là mes fraises qui d'mandent à être cueillies avant la chaleur, et mamselle Fermina m' fra un beau sabbat si al' n' sont pas ben fraîches lorsqu'al' voudra déjeuner.

Et le bonhomme s'éloigna au plus vite en laissant M. de Neuilly triste et pensif se recueillir sur tout ce qu'il venait d'entendre. Le résultat de ses réflexions fut de remonter à cheval et de retourner au plus vite à Paris.

— Que je suis malheureux. se disait-il. d'avoir été présenté chez l'honorable baronne de Rieusse comme prétendu de la plus jeune de ses nièces! car j'aurais pu alors connaître les deux sœurs et choisir ainsi celle qui doit faire le bonheur d'un honnête homme ; celle dont les qualités solides. les angéliques vertus attireront toujours les bénédictions du ciel sur sa maison. Qu'est-ce que la beauté ? Un don futile qu'un caprice du sort peut faire. évanouir comme un souffle léger. Et sacrifier son avenir à cela. folie ! triple folie !... D'ailleurs, elle aussi, elle est charmante. cette modeste et douce Georgette. l'ange gardien des malheureux! Mais. ajouta-t-il avec un soupir. le vieux jardinier a peut-être exagéré les choses. et celle que l'on me destine a sans doute autant de qualités que sa sœur... Allons! je prendrai d'autres informations. et. suivant ce que j'apprendrai. j'agirai en conséquence. Fort de cette résolution. le jeune baron rentra chez lui plus tranquille.

Mais. hélas! toutes les informations qu'il fit prendre vinrent confirmer les paroles de maître Claude : alors

M. de Neuilly se décida à écrire la lettre suivante à la baronne de Rieusse :

« Madame la baronne,

« Si je ne connaissais votre bonté, aussi éclairée qu'indulgente, je reculerais devant la démarche que le devoir me fait faire aujourd'hui auprès de vous ; mais, sûr de votre pardon, je prends courage et vous avoue avec honte et regret que je ne me sens pas digne d'obtenir la main que j'avais sollicitée. Élevé par une mère modeste et vertueuse pour qui les plaisirs du monde étaient inconnus, sa santé et ses goûts la retenant presque toujours chez elle, j'ai puisé et dans son exemple et dans ses conseils l'amour de la retraite, la religion du foyer. Mademoiselle Fermina est trop jeune, trop belle, trop brillante, pour que ce ne soit pas un crime d'en priver le monde, dont elle est le plus admirable ornement. D'ailleurs, cette austérité lui plairait-elle?... pourrait-elle être heureuse loin du théâtre de ses succès?... Voilà les questions que je me suis posées avec franchise et auxquelles ma conscience a répondu négativement. Consultez-vous, consultez-la, et vous verrez que j'ai raison.

« Si pourtant, madame, vous et elle me trouviez digne d'un regret, et si, au moins par ma franchise, vous me regrettiez, l'une pour neveu, l'autre pour ami, je serais trop heureux de conserver ces deux titres en recevant la main de mademoiselle Georgette, dont les qualités modestes, les vertus d'intérieur sont plus en rapport avec mes goûts simples et, je l'avoue, un peu sauvages. Tant de partis brillants viendront me donner tort en se disputant mademoiselle Fermina, que c'est à peine si j'ose espérer que vous me pardonnerez, à moins que ce ne soit par oubli seulement, et, madame, je le répète, c'est votre bonté qui m'encourage et me permet de me dire toujours

« Votre très-humble et très-respectueux serviteur,

« Le baron Maurice de Neuilly. »

Une fois cette lettre écrite, Maurice l'envoya à Bougival par un domestique de confiance, et en attendit impatiemment la réponse, réponse que son ambassadeur n'était pas chargé, bien entendu, de demander, mais qu'il pensait malgré cela devoir lui être expédiée promptement.

Vous ne devez que trop comprendre, gentilles lectrices, et cela sans que nous ayons besoin de vous l'expliquer, la colère qui remplit le cœur de la baronne de Rieusse à la lecture de la lettre du jeune homme.

— Dédaigner, rejeter ma Fermina! la belle entre toutes les belles, se disait-elle avec indignation; et pourquoi?... pour prendre un petit laideron sans talents brillants, sans charmes séduisants! Oh! le sot!... oh! l'homme sans distinction et sans goût!... Certainement non, je ne veux pas de lui pour mon neveu... je ne lui donnerai pas même Georgette!

Et tout agitée de fureur elle monta rejoindre Fermina dans sa chambre.

— Eh! mon Dieu! ma tante, qu'avez-vous donc? s'écria celle-ci avec inquiétude en la voyant entrer; vos joues sont enflammées, vos yeux lancent des éclairs, vous êtes émue et tremblante, et tous vos traits sont bouleversés. A-t-on pillé la maison? ou le feu va-t-il nous dévorer? Par grâce, répondez vite, ou je meurs de terreur à vos pieds !

Sans avoir la force de répondre à sa nièce, la baronne se laissa tomber sur une chaise et lui tendit en silence la lettre qu'elle tenait entre les mains.

Fermina la lut avec attention, et le rouge qui colora ses joues et un sourire aigre qui plissa ses lèvres montrèrent qu'elle aussi était fort mécontente du baron; mais quand elle eut terminé la missive, un regard qu'elle échangea avec sa glace rendit promptement la sérénité à son visage, et ce fut avec la plus complète tranquillité qu'elle demanda à la baronne ce qu'elle comptait faire.

— Comment! ce que je compte faire? s'écria celle-ci avec vivacité. Eh bien! je compte écrire à M. de Neuilly qu'il est un impertinent, que je le chasse de chez moi, et que...

— Et que vous lui accordez avec plaisir la main de mademoiselle Georgette de Beaulieu, fit avec gravité Fermina en mettant résolûment sa main sur le bras de sa tante, comme pour mieux lui intimer cet ordre.

— Allons donc! tu veux plaisanter, Fermina, dit la baronne en regardant attentivement sa nièce.

— Non, ma tante, je ne plaisante pas, reprit la jeune coquette en jetant de nouveau un regard satisfait sur son miroir, et je suis au contraire enchantée que nous trouvions aussi promptement un mari pour ma pauvre sœur, à laquelle, en vérité, je me reprochais toujours de faire du tort. M. de Neuilly est peut-être le seul homme au monde qui préfère la laideur à la beauté, et le ciel a été assez bon pour l'envoyer à Georgette. Qu'il en soit mille fois béni! Acceptez donc, ma bonne tante, et acceptez au plus vite, dans la crainte que notre original ne change d'avis encore une fois.

A peine cet ordre tout-puissant fut-il tombé des lèvres dédaigneuses de Fermina, qu'aussitôt M⁼ᵉ de Rieusse écrivit à Maurice pour lui dire qu'elle lui accordait la faveur qu'il demandait; et seulement alors on prévint Georgette du changement qui allait se faire dans sa position. Celle-ci fut très-étonnée de cet événement imprévu; mais, toujours soumise, elle obéit sans murmurer aux ordres qui lui étaient donnés par celle qui remplaçait sa mère.

Encore une fois donc Maurice de Neuilly fut reçu comme prétendu dans la maison de la baronne.

Les préparatifs du mariage se firent promptement, et le jour allait en être fixé, quand Fermina tomba malade. Alors l'inquiétude de sa tante et de sa sœur devint si vive

que tout s'effaça devant elle et que naturellement les projets d'union furent encore ajournés. Et aussi leur douleur
n'eut plus de bornes quand le docteur Moranvel déclara
que la maladie était non-seulement grave, mais encore
contagieuse, et qu'il nomma la petite vérole! A ce nom
affreux, la baronne recula de terreur, courut s'enfermer
chez elle, et la bonne Georgette resta seule à lutter contre
le fléau.

Fermina avait pourtant été vaccinée dans son enfance;
mais il y a des exemples de personnes atteintes malgré
cela de cette horrible maladie. Et ce fut sans doute pour
la punir de l'amour qu'elle avait pour sa beauté que Dieu
lui infligea ce supplice!

Pendant plus de six semaines, la pauvre malade fut
entre la vie et la mort, et pendant ce long espace de temps,
jour et nuit, l'infatigable Georgette resta au chevet de sa
sœur. C'était une mère tendre soignant son enfant bien-
aimé. Aussi, quel moment heureux ce fut pour elle que celui où le docteur lui déclara que tout danger était passé!
Mais alors une autre douleur lui était réservée encore, ce
fut celle qu'éprouva sa sœur quand elle vit que sa beauté
merveilleuse avait été emportée par sa méchante maladie.
Ses pleurs, ses cris, son désespoir lui désolaient l'âme et
lui déchiraient le cœur. Fermina formait les projets les plus
extravagants et les plus extrêmes. Elle voulait quitter le
monde, s'enfouir dans une retraite ou entrer dans un couvent; et la douce Georgette la consolait et raffermissait son

âme. — D'ailleurs, lui disait-elle, le mal n'était peut-être pas
aussi grand que toutes deux le craignaient, et la santé rap-
porterait sans doute la beauté avec elle. — Et, pour distraire
Fermina, elle lui faisait de longues et intéressantes lectures. D'abord celle-ci, peu habituée à réfléchir, parut y
prendre plus de fatigue et d'ennui que de plaisir; mais
peu à peu elle s'y intéressa vivement, et quand elle entra
en pleine convalescence, elle fit promettre à Georgette de
les continuer avec elle.

Pendant toute la maladie de Fermina, la baronne de
Rieusse avait veillé avec sollicitude à ce que rien ne man-
quât à sa nièce bien-aimée; mais jamais elle ne s'était senti
le courage d'entrer un moment auprès d'elle. Jour et nuit
elle priait Dieu avec ferveur et avec larmes; elle ordon-
nait des neuvaines, elle distribuait des aumônes; enfin
tout lui semblait facile pour sauver celle qu'elle regardait
comme sa fille, tout, si ce n'est de combattre elle-même
le fléau par ses soins. M⁰ᵉ de Rieusse n'avait jamais
été mère! Aussi ce fut un jour bien heureux pour elle que
celui où elle put, sans aucun danger, presser sur son cœur
son enfant aimée.

Tout avait été préparé au salon pour cette entrevue;
car, bien entendu, la baronne ne devait pas entrer dans
l'appartement de la malade, appartement dont, sans doute,
l'air était vicié encore. Et quand la porte s'ouvrit, quand
notre jeune convalescente entra appuyée sur le bras de sa
sœur, Mᵐᵉ de Rieusse s'élança vers elle avec ten-

dresse : mais, en voyant Fermina, un cri déchirant s'échappa de ses lèvres.

— Vous me trouvez bien affreusement changée, ma tante, dit la pauvre fille d'une voix émue.

Et, se laissant tomber dans les bras de Georgette, elle éclata en déchirants sanglots.

M⁻ᵉ de Rieusse, au désespoir de la douleur de Fermina, voulut la consoler et réparer le mal qu'elle avait fait ; mais il était irréparable, et la vérité éclairait alors les yeux de l'infortunée de son flambeau cruel.

— Ma tante, dit-elle quand elle fut plus calme, ma beauté est partie, mais mon affection pour vous et ma reconnaissance sont restées gravées profondément dans mon cœur. Aussi je veux apprendre de Georgette comment on se fait aimer à son tour, comment on rend la vie heureuse à ceux auprès de qui l'on reste : car nous sommes destinées, vous et moi, à vivre bien longtemps ensemble, sans doute : ma beauté, qui était mon seul mérite, étant détruite, que me reste-t-il aujourd'hui ? De la fortune, c'est vrai ; mais l'homme assez peu estimable pour prendre une femme pour son argent mérite peu de considération et ne sera jamais mon époux. Pardonnez-moi donc mon malheur et aimez-moi toujours, je vous en conjure !

En entendant ces douces et affectueuses paroles, la baronne tressaillit : elle sentit se réveiller dans son cœur toute la tendresse qu'elle avait eue jusque-là pour Fermina, et, la serrant dans ses bras, elle la couvrit de baisers et de larmes, lui donnant les noms les plus chers et lui faisant les promesses les plus sincères d'affection et de bonheur.

Les paroles que venait de prononcer Fermina avaient, de son côté, impressionné très-fortement la bonne Georgette; aussi, quand elle se trouva seule dans sa chambre, et après y avoir très-sérieusement réfléchi, elle se décida à écrire la lettre suivante à M. Maurice de Neuilly, son fiancé :

« Monsieur,

« Je commets une inconséquence, sans doute, en vous écrivant sans l'autorisation de ma tante; mais mon motif excusera ma démarche, je l'espère; je viens vous prier, monsieur, de faire naître des raisons pour reculer l'époque de notre mariage. Ma sœur est l'aînée, il est donc juste qu'elle se marie avant moi. Quand elle était brillante et belle à séduire tous les regards, personne, pas même elle, n'eût fait attention à cette différence; aujourd'hui elle serait remarquée, et la pauvre Fermina pourrait en ressentir un regret, sentiment toujours pénible non-seulement pour celle qui l'éprouve, mais aussi pour celle qui le fait éprouver, et j'aurais un vif chagrin si je savais en faire naître un dans l'âme de ma sœur.

« Vous êtes bon, monsieur, vous saurez me comprendre et me pardonner. C'est dans cette confiance que je vous prie d'agréer mes plus sincères remerciements.

« Georgette de Beaulieu. »

Quand ce billet fut terminé, l'embarras de notre hé-

roïne fut grand pour le faire mettre à la poste sans que
personne s'en aperçût. Heureusement, elle vit au bout
de l'allée qui conduisait à la villa notre ancienne connaissance, le père Claude, qui nettoyait ses plates-bandes. Légère comme un oiseau, elle courut à sa rencontre.

— Voulez-vous me rendre un service, maitre Claude ?
dit-elle en souriant et rougissant à la fois.

— Eh ! oui-dà, mamselle, fit le vieux jardinier en levant
la tête avec joie ; parlez. et j'irons au bout du monde pour
vous arranger.

— Je ne vous demande pas d'aller si loin, s'exclama
Georgette avec un franc éclat de rire; mais seulement à la
poste de Bougival, et cela tout de suite, sans prendre le
temps ni de rentrer à la maison ni de parler à personne.

La pauvre enfant n'eut pas le courage de recommander autrement le mystère.

Le père Claude pourtant la comprit.

— Soyez tranquille, not' bon ange, dit-il d'un air fin, par-
sonne ne saura qu' vous m'avez donné une lettre à porter
dans la boîte.

Et notre bonne Georgette se sauva toute honteuse, et
pourtant aussi le cœur rempli de joie du sacrifice qu'elle
faisait à sa sœur bien-aimée.

La nuit entière se passa pour elle dans un repos complet, et comme elle s'éveillait souriante et heureuse, elle
vit, assise auprès de son lit. Fermina qui semblait attendre son retour à la vie.

— Toi ici, ma sœur? s'exclama-t-elle toute surprise et croyant encore être le jouet d'un songe. Qu'est-il donc arrivé, grand Dieu?

— Rien qui doive ni t'étonner ni te surprendre, ma bien chère et bien-aimée Georgette, répondit Fermina en serrant tendrement sa sœur dans ses bras et la couvrant des plus doux baisers. Mais je viens te rapporter une lettre que tu as égarée dans le jardin et te demander mon pardon pour l'indiscrétion que j'ai commise.

Et elle tendit à Georgette la lettre que celle-ci avait confiée à la discrétion du père Claude, lettre tout ouverte et montrant ainsi qu'elle avait été lue.

En la voyant, notre héroïne sentit ses joues se couvrir de rougeur et ses yeux se remplir de larmes.

— Et tu blâmes ma démarche, Fermina? demanda-t-elle en regardant sa sœur avec inquiétude.

— Oui, mon bon ange, je la blâme, répondit d'une voix douce et émue Fermina, car tu as manqué de confiance. Écoute-moi bien, Georgette, et crois-moi, je t'en prie ; je veux t'ouvrir mon cœur et te dire ma pensée tout entière. Eh bien! oui, tu l'as deviné, j'ai eu un moment de chagrin en pensant que toi, la cadette, tu te marierais la première ; mais ce mauvais sentiment de vanité et d'envie a été bientôt dissipé, et ta lettre que j'ai ramassée hier soir dans le jardin, où j'étais allée me promener avec ma tante, ni l'une ni l'autre n'ayant pu trouver le sommeil, m'a montré combien j'étais injuste. Aussi cette nuit s'est écoulée tout entière pour moi dans des réflexions profondes et dans des résolutions sérieuses ! Dieu, en m'enlevant cette beauté dont j'étais si fière, ne m'a-t-il pas rendu un paternel service ? me demandais-je. Excepté de ma bonne tante, qui voit en moi son ouvrage, et de ma sœur, qui remplit un devoir, de qui suis-je aimée ici-bas ? Le monde m'entoure, me flatte, me caresse; mais là on ne trouve, je le sais, que des complaisants et pas d'amis. Les domestiques me craignent et ils aiment ma sœur; enfin un honnête homme se présente pour choisir une compagne vertueuse, digne de devenir une mère de famille honorable, et il me repousse pour prendre cette même sœur dont tout le charme vient de son âme angélique: la beauté seule est donc un don funeste qui entraîne plus de douleurs que de joie. Et je pensai à suivre tes traces, à devenir bonne comme toi, bienfaisante comme toi, enfin à remplacer le bon ange du logis, quand il aura pris son vol loin de nous.

Veux-tu donc me faire manquer à mes résolutions en reculant ton mariage? ajouta-t-elle en froissant la lettre de Georgette: ce serait fort mal, mademoiselle; d'ailleurs dit-elle en souriant quand je te ressemblerai, je trouverai promptement un mari: garde-toi d'en douter, je t'en conjure. Aussi, pour rapprocher ce jour heureux, ma tante a écrit à M. de Neuilly et tout est fixé à la semaine prochaine: Gronde-moi maintenant si tu l'oses.

En entendant Fermina parler ainsi, Georgette avait été plusieurs fois sur le point de l'interrompre: mais une ca-

resse ou un regard suppliant de sa sœur venaient toujours
maintenir son silence, et ce fut seulement par les plus
doux baisers qu'elle répondit à sa sœur.

Comme l'avait dit Fermina, le mariage de Georgette eut
lieu la semaine suivante, et, comme elle l'avait prévu encore, le sien suivit de près celui de sa sœur, dont elle était
devenue la plus parfaite image.

LE CAMÉLIA ROSE

LE CAMÉLIA ROSE

Sur la route de Bourges a Gien, à peu de distance du domaine de Jurey, lorsque l'on s'enfonce à droite dans les terres plates et silencieuses qui bordent le chemin et qui n'ont d'autre parure, aux plus beaux jours de l'été, que les sainfoins et les luzernes; derrière le clocher bleu d'un village dont on cherche vainement le nom sur la carte de France et dont la généalogie n'est pas précise dans le pays, on s'arrête devant le fossé qui n'a plus d'eau, qui tapissent pêle-mêle des ronces et des boutons d'or, et que domine une grille continue dont la porte principale, bizarrement tourmentée en son sommet, conserve un certain aspect Louis XV qui fait plaisir à voir; il y a au bout de cette porte une espèce de pont-levis rouillé sur ses gonds qui augmente l'aspect vénérable de ce château, mais sans le rendre plus inaccessible, car les planches se sont pourries sans changer de place.

Lorsqu'on traverse ce pont et cette porte, charitablement ouverte à tous les habitants du village, de suaves et calmes pensées vous descendent dans le cœur du haut des ombrages que, çà et là, percent à jour les tremblants rayons du soleil. Le luxe de cette verdure, le chant des oiseaux, les senteurs mélangées des chênes, des ormes, des peupliers et des acacias, calment et charment tout à la fois l'imagination et ouvrent l'âme.

Au bout de ce parc, il y a un jardin anglais, des tapis verts, des pelouses, des eaux murmurantes et un château qui n'a pas de tourelles, mais qui est tout fier de ses hautes fenêtres, de ses balcons à balustrades antiques, de ses spacieux corridors et de ses salons Pompadour, avec des dessus de porte de Boucher et des médaillons de Watteau.

Durant les premières années du règne de Louis-Philippe, ce château avait pour hôtes la marquise de Rostanges et la belle Mauricette, sa fille. Le marquis de Rostanges, officier dans les gardes du roi Charles X, avait été tué pendant les désastreuses journées du mois de juillet 1830. Les émoluments de son grade et une pension sur la cassette de Madame la Dauphine, pension donnée comme souvenir de reconnaissance au fils d'un des serviteurs fidèles du martyr couronné, de l'infortuné Louis XVI, composaient toute la fortune du marquis, et le château dont nous venons de parler, château n'apportant avec lui que les redevances de ses fermiers, redevances plus que modestes, avait constitué la dot de la charmante Thérèse de Neley, quand elle lui donna sa main et devint marquise de Rostanges. Ce fut donc là qu'elle se retira avec sa fille quand le souffle du vent terrible des révolutions populaires lui enleva tout à la fois et son époux et ses illustres protecteurs.

La marquise était une noble et vertueuse mère ; toute à sa fille, elle cherchait à développer son cœur et son esprit, et ses pensées les plus instantes étaient d'assurer le bonheur d'une enfant si tendrement chérie, non en cherchant à lui donner une brillante fortune, mais en lui élevant l'âme, en lui éclairant l'intelligence, en lui inculquant, en un mot, le premier des biens : la sagesse et la vertu.

Mauricette adorait sa mère et semblait avoir en tout suivi ses désirs ; aussi chaque jour la marquise remerciait-elle Dieu du bonheur qu'il lui envoyait pour la consoler de ses peines passées.

Mᵐᵉ de Rostanges n'était pas seule à aimer et à soigner son enfant chérie. La mère Duval, sa sœur de lait, qui avait voulu prendre la direction des fermes du château quand la marquise s'y retira, avait une fille aussi à peu près de l'âge de Mauricette, et toutes les deux aidaient à qui mieux mieux la marquise à adorer la belle et noble fille du marquis de Rostanges. De tout ceci, il arriva naturellement que Mauricettte se laissa entraîner à s'aimer elle-même d'un amour profond ; ce qui développa dans son

ur un germe funeste d'égoïsme et de fierté, défauts qui.
n vant aucune occasion de se développer dans la modeste
soli de où elle vivait, restèrent entièrement cachés aux
eux tendres et pourtant clairvoyants de sa mère.

La gentille Marthe. ainsi s'appelait la fille de la bonne
mère Duv. l. se croyait presque la sœur de Mauricette, tant
elle se sentait dans le cœur de dévouement et de tendresse
pour elle. et celle-ci semblait la payer de retour.

Levées tous les deux avec l'aube. un petit panier au
bras, elles allaient dans les chaumières porter les secours
que la marquise. malgré la modicité de sa fortune, trouvait encore le moyen d'envoyer aux malheureux. Mais aussi
c'était une si bonne ménagère que la mère Duval! Toujours
la première debout et la dernière couchée. rien n'échappait à sa surveillance : elle voyait tout à la fois si le beurre
était bien battu. si les volailles qu'on envoyait au marché
étaient bien grasses, si les fromages étaient bien égouttés.
si les sillons que traçait la charrue étaient assez profonds.
Aussi était-elle regardée à la ferme comme un oracle. et
au château comme une fée protectrice du manoir.

Mauricette et Marthe allaient atteindre seize ans, et
toute leur enfance et toutes les charmantes années qui la
suivent s'étaient écoulées pour elles sans désirs, sans
espérance. mais aussi sans regrets. Vivre toujours ensemble leur semblait le destin que Dieu leur avait donné. et
si Marthe se trouvait parfaitement heureuse de son lot.
Mauricette ne murmurait jamais sur le sien ! On l'aimait

tant. on allait au-devant de ses désirs avec un empressement si grand. un dévouement si complet. que l'égoïste
enfant ne voyait rien au delà de ce petit coin de terre où
elle commandait en reine.

— Est-ce que tu ne regrettes pas quelquefois le beau
Paris où tu es née ? lui demandait Marthe de temps à
autre. en soupirant doucement. comme si elle craignait
que son amie désirât quelque chose qu'il fût hors de son
pouvoir de lui donner.

— En vérité. non. répondait l'enfant gâtée en relevant
avec orgueil sa belle tête blonde : j'étais si jeune quand
j'ai quitté Paris. que je m'en souviens à peine. D'ailleurs
je pense. comme César. qu'il vaut mieux être la première
dans un village que la seconde dans Rome.

Et en entendant ces arrogantes paroles. bien loin de
reprocher à Mauricette la sécheresse de son égoïsme, qui
ne lui faisait sentir que son orgueil là où son cœur seul
eût dû parler. l'excellente Marthe lui sautait au cou et
l'embrassait. comme pour la remercier de ne pas s'ennuyer
auprès de sa mère et entourée d'aussi bons amis.

Les choses en étaient là. quand un matin Mᵐᵉ de
Rostanges reçut une lettre de son notaire qui l'appelait
avec beaucoup d'instances à Paris. pour y recueillir une
succession fort importante. celle d'une arrière-grand'tante
du marquis. fixée depuis l'émigration en Allemagne. qui,
au moment de mourir. s'étant enquise de ce qui lui restait en France de sa famille. et ayant appris qu'un de ses

neveux, du même nom. le marquis de Rostanges. était
mort pour défendre son roi en laissant une veuve et une
jeune fille sans fortune, les avait reconnues toutes deux
pour ses légataires universelles.

« Vos droits sont certains, madame. ajoutait le notaire : et pourtant, comme d'autres parents de la douai-
rière cherchent à attaquer ce testament fait tout en votre
faveur, je crois qu'il serait prudent à vous de venir
immédiatement, afin que nous pussions terminer promptement les affaires en faisant reconnaitre par le tribunal
la validité de vos titres. »

Mᵐᵉ de Rostanges. tout à la fois heureuse et triste du
changement qui s'opérait dans sa destinée, car si elle
remerciait Dieu de la fortune qu'il lui accordait pour sa
fille, elle avait le cœur serré à l'idée de quitter l'excellente
mère Duval et la gentille Marthe, qui étaient de si tendres
amies pour elle, fit aussitôt tous ses préparatifs : et, le
lendemain même du jour où elle avait reçu la lettre de
son notaire. elle partait pour Paris avec sa bien-aimée
Mauricette, qui, le cœur joyeux et plein d'espérance, avait
déjà rejeté de son âme tous les souvenirs de son enfance,
et qui, sans regrets, sans douleur, sauta joyeusement.
après sa mère, dans la voiture qui devait les emporter
loin de leurs amies.

Mᵐᵉ de Rostanges, toute à ses préoccupations, ne
s'aperçut pas de cette impression fâcheuse qu'avait ressentie Mauricette : mais Marthe et la mère Duval en

furent toutes deux blessées au cœur, et se jetant dans les
bras l'une de l'autre pour y épancher leur douleur :

— C'est une ingrate, murmura la bonne Duval.

— Oh ! non, ma mère, ce n'est qu'une étourdie, reprit
vivement la pauvre Marthe voulant excuser son amie aux
yeux de son cœur et aux yeux de sa mère.

Celle-ci secoua tristement la tête, et toutes deux rentrèrent silencieusement dans ce château qui allait devenir
si désert pour elles. Mais nous allons les quitter un instant
pour suivre l'arrivée à Paris de M⁰ᵉ de Rostanges et de
Mauricette.

La marquise fut reçue par ses anciens amis avec l'empressement le plus aimable ; elle était noble, elle allait
être riche : en faut-il plus pour plaire dans ce monde ?
D'ailleurs on n'oublie jamais complétement à Paris. Vous
partez ! personne ne cherche à savoir quelles sont les raisons de cet exil, et l'on cesse de penser à vous parce que
l'on cesse de vous voir : mais si vous revenez, vous reprenez
votre rang à la même place, au même chapitre, à la même
page, à la même ligne que si on vous avait vu la veille.
C'est de la légèreté sans doute; mais c'est aussi de l'amabilité et du savoir-vivre, et il ne faut pas demander au monde
plus qu'il ne lui est possible de donner.

Mᵐᵉ de Rostanges, simple et bonne, paya de la meilleure monnaie de son cœur l'attachement qu'elle pensa
retrouver dans ses amis, et Mauricette ressentit un sentiment tout d'orgueil pour l'accueil affectueux qu'elle reçut

dans le monde, car les plus antiques hôtels du faubourg
Saint-Germain s'étaient ouverts devant elles, et la marquise et sa fille étaient reçues dans les maisons les plus
aristocratiques de France.

— Je suis étonnée et inquiète du silence que gardent
nos pauvres amies du château, Mauricette, dit un matin
Mᵐᵉ de Rostanges à sa fille; voilà pourtant plusieurs
lettres que tu leur écris de ma part et de la tienne, et pas
de réponse... Cela est étrange, n'est-ce pas?... La bonne
Duval serait-elle malade?... mais Marthe nous eût préve-
nues, et de même pour la gentille enfant, sa mère me
l'aurait écrit sans retard. Que peut-il donc être arrivé là-
bas? j'ai envie que nous allions y faire un petit voyage...
Qu'en dis-tu, mon enfant?...

Pendant que la marquise parlait, Mauricette, occupée
sans doute à chercher avec attention quelque chose sur le
tapis, s'était tenue baissée, et ce fut encore sans relever
la tête qu'elle répondit vivement :

— Y pensez-vous, maman! partir quand votre présence
est si utile ici... Et de vos intérêts, qui s'en chargera, si
vous les abandonnez?...

— Avant la fortune, je compte la reconnaissance, ma
fille, répliqua avec sévérité la marquise, et je n'oublierai
jamais que le bien-être dont nous avons joui depuis la
mort de ton pauvre père, bien-être qui m'a permis de te
donner l'éducation dont tu recueilles les fruits depuis ton
entrée dans le monde, n'est dû qu'à la bonne Duval, qui

a tout quitté, pays, amis, famille, pour accourir m'apporter ses soins quand le malheur m'a frappée.

Une visite, que l'on annonça, vint fort heureusement
pour Mauricette interrompre cette conversation, et le soir
même, lorsqu'elle fut renfermée dans sa chambre, la jeune
fille écrivit à Marthe un billet de reproches, dans lequel
elle lui disait qu'elle était surprise que plusieurs lettres
d'elle fussent restées sans réponse.

En la recevant, la pauvre Marthe, qui, depuis le départ
de son amie, priait chaque jour le bon Dieu de lui accorder la grâce d'en recevoir des nouvelles, sans avoir encore
eu le bonheur de se voir exaucée, crut à l'infidélité de la
poste, à celle du facteur rural, qui devait apporter ces
chères lettres au château; en un mot, elle crut à tout, hors
à un mensonge de Mauricette, et trouva que son amie
était pleinement dans son droit en lui écrivant un billet si
froid et si laconique qu'elle eût éprouvé, en le lisant, un
violent désespoir, sans le motif qui à ses yeux le rendait
au contraire une preuve d'affection de son amie. La mère
Duval ne partagea pas complétement les illusions de sa
fille; et, en lisant la courte et froide missive de Mauricette,
elle secoua la tête avec mécontentement; mais, ne voulant
pas les détruire, elle s'abstint de toute réflexion; aussi ce
fut le cœur joyeux et reconnaissant que la gentille Marthe
écrivit ainsi à l'oublieuse Mauricette :

« Que ton billet, tout grondeur et tout méchant qu'il

5

est, m'a envoyé de bonheur, ma bien chère Mauricette, et
combien je suis coupable, moi qui t'accusais de légèreté
et d'indifférence ! car je n'ai pas reçu les bonnes lettres
dont tu me parles, je te le répète, et de ton silence je n'accusais que toi. Si tu savais combien je suis malheureuse
depuis ton départ, tu me pardonnerais mon injustice ; ton
absence répand un voile de tristesse sur tout ce qui m'entoure. Le ramage des oiseaux me fatigue, la campagne
elle-même, malgré la robe de verdure et de fleurs dont
elle s'est couverte, me semble moins belle et moins brillante que lorsque tu étais ici ! Et le château, mon Dieu !
qu'il est grand et froid ! je n'ose plus élever la voix dans
ces immenses pièces qui retentissaient jadis de nos bons
éclats de rire enfantins ; il me semble que leurs échos ne
doivent me renvoyer maintenant que des douleurs ou des
larmes. La seule chose qui me plaise encore est d'aller
chaque matin, comme nous le faisions ensemble dans des
temps plus heureux, porter aux malades et aux malheureux les secours que ta bonne mère a réservés ; car tous
me parlent de vous, et j'entends les prières qu'ils adres-
sent au ciel pour votre bonheur !

« — Et notre chère belle demoiselle, comment va-
t-elle ? demandent les uns... Dieu doit envoyer du bonheur
à celle qui est un de ses anges !... disent les autres, et
ainsi de tous. Tu comprends, amie, combien toutes ces
bonnes paroles répandent de baume dans mon pauvre
cœur affligé. Puis, après cette tournée utile, j'entre dans la

petite chapelle que tu aimais tant pour son aspect pittoresque au milieu des ruines, et là, à genoux aux pieds de la
Mère des anges, je la supplie de t'envoyer tout le bonheur
dont tu es digne. La seule de mes occupations qui apporte
quelque distraction avec elle est le soin tout maternel que
j'apporte à ton charmant camélia rose, que tu aimais tant.
Tu as oublié de me le recommander en partant ; tu étais
si pressée de nous quitter, méchante ingrate ! mais j'ai
suppléé à ton manque de mémoire, je me suis entourée de
tout ce qui te plaisait, et ton beau camélia est devenu mon
favori ; je lui parle de toi comme s'il pouvait m'entendre,
et ma mère, qui se moque de moi, me promet pourtant
qu'elle me conduira à Paris quand il sera en fleurs, pour
que j'aie le plaisir de te l'apporter... Voilà un bien beau
projet, ma bien chère Mauricette ; Dieu permettra-t-il qu'il
s'exécute jamais?... Tu comprends avec quelle ferveur je
le prie, et avec quelle sollicitude je redouble de soins pour
ce bel arbuste, arbitre de mon destin. — Je te prie de vouloir bien mettre aux pieds de madame la marquise l'hom-
mage respectueux de ma mère et le mien, et de recevoir
de nous deux les plus tendres embrassements.

« Ta sœur. MARTHE. »

Malgré la sécheresse qui déjà s'était étendue sur le
cœur de Mauricette, cette lettre si simple, et pourtant si affectueuse et si bonne, lui causa un moment d'émotion ;
mais le soir même elle devait aller à un bal champêtre

duquel elle s'était promis un grand plaisir, et comme
on lui apporta la toilette qu'elle comptait y mettre, peu de
minutes après avoir reçu les souvenirs de sa jeune amie,
l'impression douce qu'elle avait un instant ressentie fut
bientôt dissipée ; et la pauvre Marthe fut oubliée encore
comme elle l'était avant la réception de sa gentille missive : ce fut à peine même si la légère enfant s'en ressou-
vint assez pour dire à sa mère qu'elle avait reçu des
nouvelles de leurs amies, et encore la mémoire ne lui re-
vint-elle que parce que M⁻ de Rostanges s'étonnait de
nouveau, en sa présence, du silence gardé par la bonne
Duval et sa fille.

Mais l'air d'indifférence avec lequel Mauricette lui parla
alors de la lettre que lui avait écrite Marthe blessa douloureusement la marquise.

— Seriez-vous donc oublieuse et ingrate, ma fille, lui
dit-elle sévèrement, et faut-il vous rappeler qu'au moment
où le monde me rejetait parce que j'étais pauvre et affligée,
un ange, une sœur, la bonne Duval enfin, a quitté son pays,
sa famille et même ses intérêts les plus chers, pour venir
auprès de moi, non-seulement dans l'intention de partager
mes peines, mais pour chercher à les diminuer? En amie
aussi intelligente que dévouée, elle est arrivée à son but.
L'aisance dont vous et moi nous avons joui pendant près
de seize ans, c'est à elle que nous l'avons due : tout notre
bonheur est son ouvrage. Et quels étaient mes droits, mes
titres à cette noble conduite?... Le bon cœur, l'âme aimante

de l'excellente créature, qui lui faisait protéger comme une sœur celle qui avait partagé avec elle le lait de sa mère. Aujourd'hui que nous sommes remontées à notre première place, si nous avons dû quitter l'humble demeure où se sont écoulés vos jeunes ans, n'est-ce pas tout à fait dans l'intérêt de votre avenir que je me suis décidée à ce sacrifice? Et qui m'en a aplani la route, si ce n'est encore ma bien dévouée amie? car mes affaires pouvaient me retenir loin de Paris pendant quelque temps peut-être, et elle s'est chargée de mes devoirs là-bas! Enfin toujours elle a pris le fardeau et ne m'a laissé que le plaisir.

— Mais, maman, interrompit Mauricette avec un imperceptible mouvement d'humeur, ne croyez-vous pas aussi que M⁸ᵉ Duval doit être fière d'être regardée dans tout le pays comme l'amie de la noble marquise de Restanges?

— Que dites-vous là, Mauricette! s'exclama sa mère, et que parlez-vous de fierté? Celle qui doit être fière de son amie, c'est moi qui en ai accepté le noble dévouement! Est-ce parce que je porte une couronne de marquise et qu'elle, l'honorable femme, n'a pour titre que ses vertus, que vous vous exprimez ainsi? Fi! alors, fi! ma fille; car la vraie noblesse est gravée dans le cœur avant de l'être sur les armoiries. Et, croyez-moi bien, avant moi, bien avant vous, la bonne Duval est la première aux yeux de Dieu.

Mauricette embrassa sa mère sans répondre, fredonna un petit air de romance en s'en allant, ne voulant pas continuer une conversation qui lui était plus que désagréable, et s'occupa de nouveaux plaisirs pour détourner la pensée qui déjà, comme un remords, semblait se glisser dans son cœur.

La marquise, surprise de cette conduite, ne lui rendit pas sa chère caresse, et la vit s'éloigner sans la rappeler près d'elle ; mais quand elle se vit seule, elle laissa s'échapper de sa poitrine un douloureux soupir, en murmurant :

— Oh ! mon Dieu ! mon Dieu ! faites que je me sois trompée, et que ma fille ne soit pas égoïste et ingrate... Mais je veux l'observer avec attention, continua-t-elle en levant la tête avec énergie ; et si je découvre encore le germe de ces affreux défauts, rien, non, rien au monde ne me coûtera pour en saper les fondements jusque dans leur racine.

Quelque temps s'écoula, et M⁽ᵐᵉ⁾ de Rostanges, n'ayant rien aperçu qui pût la blesser dans la conduite de sa fille, commençait à voir se dissiper ses craintes, quand un événement doux et pénible tout à la fois vint déchirer le voile que son amour et sa faiblesse maternelle avaient attaché devant ses yeux.

Un jour qu'avec Mauricette, la comtesse de Chambrey et les deux aimables filles de cette dame, la marquise était allée faire une charmante promenade au Bois et qu'elle rentrait chez elle avec son aimable compagnie, car elle avait engagé ces dames à rester à dîner avec elle, elle fut saluée à son entrée dans son appartement par des cris d'affection et

de bonheur, et tout à coup se trouva serrée dans les bras
de la bonne Duval. Comme elle ne s'occupait que de lui
rendre ses tendres caresses sans se préoccuper de ce qui
se passait autour d'elle, elle fut aussi épouvantée que surprise en voyant Marthe tomber à ses pieds évanouie et
mourante. Prendre l'enfant dans ses bras, appeler au secours et s'empresser autour d'elle ne fut pour les deux
mères que l'affaire d'un instant. Mais Mᵐᵉ de Rostanges vit
avec un mécontentement douloureux que les domestiques
seuls accouraient à ses cris, tandis que Mauricette restait
au salon, sous le prétexte de faire les honneurs aux nobles dames qui étaient leurs hôtes priés.

Marthe ne tarda pas à reprendre ses sens, et son premier retour à la vie fut de laisser échapper de ses yeux
un torrent de larmes.

— Maman, maman, allons-nous-en! s'écria-t-elle au
milieu des plus déchirants sanglots; retournons tout de
suite dans notre doux pays... On meurt à Paris, maman;
allons-nous-en bien vite!

Et malgré les prières et les exhortations de Mᵐᵉ de
Rostanges et de sa mère, qui toutes deux comprenaient,
sans oser se l'avouer, d'où venait la douleur de Marthe,
il fallut que la bonne Duval emmenât son enfant hors de
cette maison où elle avait tant souffert; mais avant de
partir Marthe recueillit avec soin les débris d'un beau
camélia rose qui, ainsi que la pauvre fille, était tombé
brisé sur le parquet.

— Viens avec moi, belle fleur! murmurait-elle à travers ses larmes, tout en l'enveloppant avec soin; l'ingrate nous a repoussées toutes deux. Eh bien! nous nous consolerons loin d'elle; tu reprendras tes fraîches couleurs et moi ma joyeuse insouciance quand nous respirerons l'air pur de notre belle campagne. Oh! viens avec moi, je t'aimerai pour nous deux; et toi, au moins, tu ne seras pas ingrate!

Mais pendant que la bonne Duval et sa fille regagnent tristement un hôtel où les avait envoyées la marquise, en leur promettant d'aller passer la journée du lendemain avec elles, et que Mⁿᵉ de Rostanges retourne au salon s'excuser auprès de ses invitées de l'abandon momentané dans lequel elle avait dû les laisser un instant, nous allons vous dire la cause de l'événement que nous venons de vous raconter.

Au moment où la bonne Duval serrait dans ses bras Mᵐᵉ de Rostanges, Marthe, heureuse et fière, s'était avancée à son tour vers sa jeune amie, et, les yeux brillants de bonheur, les joues plus rouges qu'une belle pêche, lui tendait le beau camélia tout couvert de fleurs, disputant de fraîcheur avec elle.

— Tiens, Mauricette, nous voici tous les deux! disait-elle avec joie.

Mais malheureusement la pauvre Marthe, qui pour se faire belle, afin de plaire à son amie, s'était chargée de toutes ses parures, quoiqu'elles fussent de couleurs si di-

verses qu'elle semblait avoir pris un bain dans l'arc-en-
ciel, parut, attifée ainsi, fort ridicule à Mauricette, qui
commençait à prendre toute l'élégance parisienne ; puis,
comme celle-ci s'aperçut que ses nouvelles amies laissaient
échapper un sourire fort moqueur, elle fut blessée dans
son méchant orgueil. Aussi, loin de rendre à la pauvre
Marthe toute la tendresse qu'elle lui apportait, elle se con-
tenta de la saluer d'un signe de tête protecteur en laissant
échapper de ses lèvres dédaigneuses, tout en suivant la
comtesse et ses filles au salon :

— Merci, ma petite, merci !...

— C'est la fille de la jardinière du château, dit-elle en
offrant des siéges à ces dames ; et, pour éviter toute autre
explication, elle parla de choses si différentes que la petite
scène qui venait de se passer devant elles, scène dont,
heureusement pour Mauricette, elles ne connurent pas le
triste dénouement, s'éloigna promptement de leur pensée.
Aussi, quand la marquise rentra au salon, elle trouva ces
dames fort disposées à recevoir ses excuses.

Mauricette, inquiète malgré elle de ce que devait penser sa mère, interrogea vainement ses regards ; Mᵐᵉ de Rostanges fut impénétrable. Aussi la jeune fille reprit-elle peu
à peu sa sérénité première.

— Ma mère ne m'en veut pas, se dit-elle, et Marthe
me pardonnera ; le mal est donc moins grand que je ne
l'avais pensé d'abord.

Pourtant, lorsque le moment du départ de leurs visiteuses fut arrivé, l'inquiétude reprit l'âme de Mauricette : mais comme la marquise rentra immédiatement dans sa chambre sans même lui avoir parlé :

— Maman boude un peu, fit-elle ; bah ! si la nuit porte conseil, elle porte le calme aussi, et demain sa mauvaise humeur sera dissipée. D'ailleurs Marthe n'est qu'une folle de prendre Paris pour son village et de croire qu'ici je peux être son amie comme là-bas. Je lui ferai entendre raison ; car, au total, c'est une brave fille, quoiqu'elle soit fagottée comme une mascarade, et je ne voudrais pas trop lui faire de peine.

Parfaitement calmée par ces mauvais raisonnements, Mauricette se coucha et dormit du meilleur de son cœur, tandis que sa mère, la bonne Duval et sa fille, passaient toutes trois la nuit dans les larmes.

Le lendemain, quand notre vaniteuse égoïste se leva et qu'elle voulut aller embrasser sa mère comme elle le faisait chaque matin, la femme de chambre lui dit que M⁼ˢ la marquise était sortie en prévenant qu'elle ne rentrerait pas de la journée.

— Allons, c'est plus grave que je ne le pensais, murmura Mauricette en apprenant cette nouvelle ; l'assaut sera rude, prenons courage et attendons.

Mais ce fut vainement qu'elle attendit l'explication qu'elle désirait alors ; car M⁼ᵉ de Rostanges ne rentra que fort tard, et quand déjà elle était couchée : et lorsque, le lendemain matin, elle arriva enfin auprès de sa mère et

qu'elle voulut parler de l'incident qui maintenant la préoccupait plus qu'elle ne voulait se l'avouer à elle-même,
la marquise lui ferma la bouche en lui disant avec une
sévérité glaciale :

— Ne parlons pas de cela, je vous prie ; votre conduite
n'a aucune excuse, et c'est votre conscience que je charge
du soin de vous le dire.

Mauricette se retira atterrée par ces paroles; mais, avec
son insouciance accoutumée, elle les oublia promptement.
Et comme sa mère, tout en gardant la même froideur, ne
lui parla plus de la pauvre Marthe, elle se pardonna très-
facilement sa sottise.

Quelques jours se passèrent sans amener d'incidents
nouveaux avec eux; mais un matin que notre héroïne ré-
pétait gaiement sur le piano des valses et des polkas
qu'elle devait jouer le soir même dans une maison où l'on
dansait, la femme de chambre vint en toute hâte pour l'appeler de la part de sa mère.

Mauricette, inquiète, s'élance sur ses pas et trouve la
marquise pâle, tremblante et tenant une lettre ouverte
dans sa main.

— Lisez, ma fille, lui dit-elle en lui tendant le papier,
et voyez comme promptement Dieu s'est chargé de vous
punir de votre mauvais cœur.

A ces paroles, à ce geste, qui lui faisaient pressentir
un malheur, Mauricette tomba anéantie sur une chaise,
sans avoir la force de lire l'arrêt du sort que lui donnait

sa mère : mais après quelques instants, reprenant un peu
courage, elle ouvrit la lettre et lut ce qui suit :

« Madame,

« C'est avec douleur que je me vois forcé de vous apprendre la perte de votre procès, et par conséquent celle
de vos espérances. Le testament est cassé, et la part que
votre titre vous donne, ou du moins à mademoiselle votre fille, est si minime, qu'elle paiera à peine, je le crains,
les dépenses que ma fatale précipitation a dû vous forcer à
faire. Veuillez en agréer tous mes regrets, disposer de moi
si je peux vous servir en quoi que ce puisse être, et recevoir l'assurance du profond respect

« Avec lequel je suis, madame la marquise,

« Votre très-humble serviteur,

« LEBLANC. »

Après avoir achevé cette lecture, la lettre s'échappa des
mains tremblantes de Mauricette, et la pauvre fille jeta un
regard tristement interrogateur à sa mère, mais sans avoir la
force d'y joindre une parole.

— Hélas ! oui, ma pauvre enfant, tous nos projets,
toutes nos espérances se sont dissipées comme une ombre légère, fit douloureusement la marquise en attirant vers elle
Mauricette et la pressant contre son cœur. Il nous faut dire
adieu à Paris, cette ville admirable où tu trouvais tant de
plaisir, à ces connaissances nouvelles, mais charmantes.

et retourner bien vite dans notre humble demeure, où le bonheur est encore possible pour nous.

— Partir!... quitter Paris!... s'exclama Mauricette en se détachant avec vivacité de la douce chaine que faisaient autour de son cou les bras de sa mère. Oh! non, maman... jamais; car j'en mourrais, voyez-vous !

— On ne meurt pas pour souffrir, ma fille; l'expérience ne te l'apprendra que trop, hélas! répliqua Mᵐᵉ de Rostanges en secouant tristement la tête. Et il faut savoir se résigner à la volonté du ciel! Notre peu de fortune ne nous permet pas de vivre ici; il nous faut donc rentrer dans l'obscurité dont nous n'aurions jamais dû sortir.

— Mais, maman, nous avons des amies ici qu'il serait cruel d'abandonner et qui bien certainement, d'ailleurs, ne voudront pas nous laisser partir. Et puis, ne suis-je pas en âge d'être mariée? et qui trouverez-vous dans le fond de notre campagne isolée pour donner comme époux à la descendante de la noble famille de Rostanges ?

En entendant ces orgueilleuses paroles, la marquise leva sur sa fille un regard douloureux et surpris.

— Déjà, ma pauvre enfant, murmura-t-elle à voix basse, déjà ces illusions trompeuses se sont emparées de ton âme : comme il te faudra souffrir pour les perdre ! Eh bien! ma fille, ajouta-t-elle en élevant la voix, que crois-tu que je doive faire ? Dirige-moi, et je suivrai tes conseils ; car je veux ton bonheur avant tout.

— Oh! merci, merci, ma mère bien-aimée ! s'écria

Mauricette en sautant au cou de la marquise et l'embrassant avec une tendre effusion; vous verrez que nous avons
de bons amis qui répareront pour nous l'échec que la fortune nous a fait subir. Je sais d'ailleurs, ajouta-t-elle avec
un charmant et mystérieux sourire, que M⁻ᵉ la comtesse de Chambrey compte vous proposer un magnifique
mariage pour moi.

— Me le proposera-t-elle encore quand elle saura
notre infortune ?

— Fi ! maman, fi ! ce que vous dites là est injuste, dit
Mauricette en interrompant avec vivacité la marquise. Vous
qui êtes si bonne, si indulgente toujours, pourquoi donc
oubliez-vous ainsi votre générosité ordinaire, et cela pour
la meilleure et la plus dévouée de vos amies?

Comme Mᵐᵉ de Rostanges ne répliqua rien sur ce sujet, il s'épuisa promptement; et la mère et la fille, dans
le plus grand accord, arrêtèrent les moyens à prendre pour
rester le plus longtemps possible à Paris, sans trop com-
promettre leur très-modique fortune.

D'abord il fut décidé qu'elles quitteraient immédiatement l'appartement qu'elles occupaient, appartement devenu beaucoup trop cher pour leurs moyens présents; et
comme ces dames n'étaient encore logées que dans une
maison meublée, Mᵐᵉ de Rostanges ayant eu la prudence d'attendre la confirmation, par le tribunal, de ses
droits sur le riche héritage qui lui était donné, avant d'a-
cheter le mobilier qui lui deviendrait nécessaire pour s'é-

tablir définitivement à Paris, il leur fut très-facile de déménager promptement et à peu de frais, ce qu'elles firent le même jour; et elles s'installèrent au quatrième étage d'une maison, dans un logement plus que modeste. Mauricette avait bien fait mille difficultés avant de consentir à prendre ce triste logis; mais sa mère parla chiffres, et il fallut se rendre à la nécessité.

— Que fait à nos amis notre luxe ou notre misère ? disait-elle à sa fille. Ne nous aiment-ils donc pas pour nous seules, et alors de quel poids notre appartement peut-il être dans leur cœur?

Et moitié inquiète, moitié rassurée, notre jeune amie dut céder à sa mère; mais, au fond de son cœur, elle commençait déjà à souffrir cruellement de sa pauvreté, d'autant que, toujours par la même cause d'économie, sa mère avait dû renvoyer les nombreux domestiques qui les entouraient, et qu'elles se trouvaient toutes deux réduites aux soins de la portière pour leur modeste ménage, et à leur unique adresse pour tous les mille détails de leur toilette.

Peu de jours après cet événement funeste, M⁻ᵉ de Rostanges et sa fille furent visiter leurs nouveaux amis pour le leur annoncer; et tous, surtout la comtesse de Chambrey, apprirent cette triste nouvelle avec de si bonnes et de si consolantes paroles, que Mauricette, le cœur entièrement soulagé, voulut faire avouer à sa mère combien elle avait eu tort d'accuser ainsi la noble générosité de ses amis.

— Mais attendons la fin, ma fille, dit la marquise avec un sourire et parodiant le roseau du bonhomme; il est encore trop tôt pour chanter victoire!

A leur rentrée chez elle, la portière remit une lettre à la marquise.

— Est-ce qu'elle est de la bonne Duval? demanda vivement Mauricette.

— Oui... répondit si sèchement madame de Rostanges, qu'elle n'osa pas continuer ses questions. C'était la première fois, depuis le jour de leur venue, que la jeune fille prononçait le nom de leur ancienne et dévouée amie; jusquelà, elle avait évité avec un soin extrême tout ce qui pouvait avoir rapport à elle et à la pauvre Marthe; et elle jugeait, d'après l'air plus que sévère que venait de prendre sa mère, que sa conduite dure et orgueilleuse n'était ni oubliée ni pardonnée.

Plusieurs jours se passèrent, et aucune des nobles dames auxquelles Mme de Rostanges avait été apprendre sa peine n'était encore venue la visiter. Mauricette souffrait de cette indifférence, mais sans oser se plaindre; d'autant qu'elle avait écrit plusieurs lettres à Jeanne de Chambrey, avec laquelle elle s'était intimement liée depuis son séjour à Paris, et qu'excepté un billet très-froid elle n'avait reçu aucune réponse. Mme de Rostanges, qui feignait de ne s'apercevoir ni de la tristesse ni de la déconvenue de sa fille, lui disait chaque soir en souriant:

— Il me semble que nos chères amies sont un peu

froides pour nous; qu'en penses-tu, Mauricette? car voilà encore une journée écoulée, et aucune d'elles n'est venue.

— Il y a tant d'occupations dans ce méchant Paris, maman, répondait la pauvre enfant en dissimulant son dépit, qu'on se trouve souvent empêché de faire ce qui vous tient le plus au cœur; mais prenez patience, vous verrez qu'elles viendront.

Et un jour l'événement sembla donner raison à Mauricette, car Mme la comtesse de Chambrey et ses filles vinrent les visiter; mais malgré toute l'amabilité et l'affection que leur témoigna la marquise, en remerciant Mme de Chambrey de ses aimables projets pour le mariage de Mauricette, projets auxquels elle la suppliait de chercher à donner suite le plus promptement qu'il lui serait possible, espérant, avouait-elle, relever par là leur fortune entièrement détruite; malgré, disons-nous, tous les épanchements de cœur de la pauvre marquise, Mme de Chambrey et ses filles furent si froides, elles laissèrent tomber de si dédaigneux regards sur l'appartement et de si banales paroles sur l'infortune de celles qu'elles venaient visiter, qu'aussitôt après leur départ les larmes jaillirent des yeux de l'orgueilleuse fille de la marquise, blessée d'autant plus cruellement que sa mère ne semblait pas s'apercevoir de sa peine. Aussi garda-t-elle le plus complet silence sur son illusion perdue.

Le soir même de cette journée, comme Mme de Rostanges et sa fille se promenaient sur le boulevard devant

5

le Gymnase, elles virent la comtesse de Chambrey, ses filles et deux autres dames qu'elles croyaient aussi de leurs amies descendre d'un riche équipage et entrer au théâtre.

Le contraste de la splendeur de ces dames et de leur position nouvelle frappa douloureusement Mauricette, qui, malgré son courage à dissimuler ses impressions, laissa échapper un triste soupir de sa poitrine.

— Tu désires entrer là aussi, mon enfant? fit la marquise décidée à ne pas avoir l'air de comprendre les impressions orgueilleuses de sa fille. Eh bien! je veux te satisfaire; et comme je me trouve par hasard en fonds, ajouta-t-elle en souriant, nous allons prendre les mêmes places que nos amies. Elles sont aux baignoires, à ce que je viens d'entendre; eh bien! demandons des places de baignoires aussi.

Le hasard voulut que la loge à côté de celle de M⁰ᵉ de Chambrey se trouvât vacante; Mauricette et sa mère s'y placèrent aussitôt; et leur nom, qu'elles entendirent prononcer, les rendit silencieuses et attentives.

— Avez-vous vu sur le boulevard M⁰ᵉ de Rostanges et sa fille? demandait une de ces dames.

— Oui, certainement, je les ai vues, répliquait une autre; mais j'ai détourné la tête pour ne pas les saluer: la misère me fait mal!

— Elles sont donc réellement tombées dans la misère? reprit celle qui la première avait parlé.

— Complétement! fit M⁰ᵉ de Chambrey. Et comprenez-

vous que la marquise ait la folie de croire que je vais
marier sa fille pour rétablir sa fortune!

— Vraiment! reprit avec un éclat de rire la même
dame, elle ne sait donc pas que charité bien ordonnée
commence par soi-même! C'est pourtant dommage, tout
cela, ajouta-t-elle plus sérieusement; car la jeune fille
m'a semblé très-jolie.

— Très-jolie! s'exclama Jeanne; une provinciale... une
campagnarde!.. Oh! vous ne l'avez pas regardée, madame!

Le rideau, en se levant, interrompit cette conversation,
heureusement pour la pauvre Mauricette, qui, pâle et
tremblante, se sentait mourir. Mᵐᵉ de Rostanges eut pitié
de son supplice; et prenant tendrement sa main, qu'elle
trouva moite et glacée :

— Sortons, ma fille, viens avec moi, et fie-toi à ta mère
pour ton bonheur: tu n'as que trop appris aujourd'hui que
ce n'est jamais dans le cœur des amies du monde qu'il
faut espérer le trouver.

Mauricette suivit sa mère en silence; toutes deux mon-
tèrent dans une voiture et se firent reconduire chez elles.
Mᵐᵉ de Rostanges s'attendait à une explosion de douleur;
mais la pauvre blessée resta calme et résignée, et, sans
rien dire, elle s'enferma dans chambre après avoir tendrement embrassé sa mère.

Le lendemain matin, comme la marquise venait de se
réveiller, Mauricette accourut auprès d'elle, et se mettant
à genoux devant le lit :

— J'ai bien réfléchi, ma mère. dit-elle, et j'ai vu que, comme toujours, vous aviez raison quand vous vouliez me faire quitter Paris. Me voici prête à vous suivre; partons, retournons dans notre belle campagne, où on aime en nous nos qualités et non notre fortune. Le bonheur, ici, c'est le plaisir, et l'affection la richesse. Oh! je le sens, ma mère, nous pouvons encore être heureuses et tranquilles loin de ces amies trompeuses qui encensent la fortune et détournent la tête pour ne pas consoler la douleur.

Mᵐᵉ de Rostanges embrassa tendrement sa fille; et quoiqu'elle aperçût dans cette conversion subite plus de dépit que de véritable résignation, elle pressentit avec joie que la leçon cruelle de l'infortune devait guérir son enfant de l'égoïsme et de l'orgueil qui s'étaient déjà si complétement emparés de son cœur!

Le jour même, la marquise et Mauricette quittèrent Paris pour retourner dans l'humble castel où s'étaient écoulées pour elles des années si douces et si rapides.

La bonne Duval se trouva seule à leur rencontre.

— Et Marthe, où est-elle donc? demanda Mauricette avec inquiétude,

— Marthe a quitté le pays: elle est chez ma mère, répondit brièvement et avec un peu de sévérité la bonne Duval. Et la pauvre Mauricette se sentit le cœur douloureusement oppressé en songeant combien l'absence de sa gentille amie allait laisser d'isolement et de vide dans son existence. Pourtant en songeant à l'accueil humiliant et cruel qu'elle lui avait fait supporter quand elle était venue à Paris, si heureuse de la visiter, Mauricette n'osa pas dire qu'elle se sentait blessée de l'absence de son amie dans un moment où la fortune cessait de lui être favorable.

Mais l'impression pénible que lui faisait éprouver l'absence de la gentille Marthe fut bientôt dissipée dans le cœur de notre héroïne, et fit place à une vive curiosité, curiosité qui s'empara promptement de son esprit : voici à quelle occasion.

En entrant dans sa chambre, le premier objet qui frappa ses regards fut le camélia rose, pauvre plante que l'ingrate avait si fort dédaignée à Paris. Elle s'en approcha aussitôt : n'était-ce pas un doux souvenir de Marthe et comme un lien d'amitié entre elles deux? Aussi, combien, à sa vue, elle se sentit coupable envers celle qu'elle regrettait si vivement aujourd'hui!

Comme elle s'était doucement penchée vers le joli arbuste, pour l'admirer plus à l'aise, elle aperçut un petit papier roulé sous une de ses fleurs; s'en emparer fut l'affaire d'un instant. C'était un billet de Marthe qui contenait ce qui suit :

« C'est malgré moi qu'on m'éloigne, ma bien chère Mauricette; on craint que mon amitié pour toi ne me fasse trahir le secret de ta mère. Je pars donc le cœur bien cruellement oppressé de ne pas pouvoir et t'embrasser et te demander pardon d'être la cause involontaire du chagrin dont on t'abreuve. Je te laisse comme souvenir ton joli camélia rose : soigne ce petit arbuste par amitié pour moi comme je le faisais jadis quand tu étais absente. N'est-ce pas notre confident, notre consolateur? S'il pouvait parler, que de choses il te dirait de ma part! mais ton cœur y suppléera. Adieu. ma bien chère Mauricette : pardonne-moi un enfantillage et accorde-moi ma demande : chaque matin. à ton lever. dis un doux bonjour pour moi à notre camélia, et c'est mon cœur qui le recueillera aussitôt. Adieu encore : à bientôt et espère. »

Mauricette recommença plusieurs fois la lecture de ce billet, espérant comprendre ainsi le mystère qu'il renfermait, ou plutôt le mystère qu'il indiquait. et dont la main de l'étourdie Marthe avait commencé à soulever le voile.

— Mais que craint-on que Marthe puisse me dire? se demandait-elle avec étonnement. Ma mère a donc un secret pour moi? Et la bonne Duval est du complot. puisqu'elle éloigne sa fille?... Eh bien! observons: je suis sur mes gardes. je saurai peut-être les deviner.

Mais rien ne vint la mettre sur la trace : et elle commençait à croire que Marthe était mal instruite ou qu'elle avait voulu réveiller son affection par la curiosité, quand un nouvel incident vint lui montrer son injustice et redoubler son désir de découvrir le mot de l'énigme qui se jouait autour d'elle.

Un matin que, comme de coutume. elle envoyait à Marthe, par l'entremise du joli camélia rose, le bonjour affectueux que son amie lui avait demandé, elle aperçut un nouveau billet caché, comme le précédent, sous les fleurs. A cette vue, son cœur battit vivement.

— Comment ce papier est-il venu là? se demandait-elle avec une inquiétude mêlée de joie. Marthe a donc un sylphe à ses ordres! Voyons ce qu'elle me dit de nouveau.

« Tiens-toi sur tes gardes, Mauricette: aujourd'hui est le grand jour de l'épreuve. Sois simple, sois bonne, sois naturellement toi enfin : car les méchants défauts dont on t'accuse appartiennent au monde dont tu as été entourée : et si madame la marquise est contente, tous tes ennuis seront détruits comme par enchantement. Je sais que tu soignes nos pauvres infirmes, que tu t'occupes à instruire les petits enfants, que tu te fais adorer de nos bons villageois : et je suis si heureuse d'entendre tes louanges sortir de toutes les bouches, qu'il me semble que je suis coupable en ne te disant rien de tout ce qui se complote contre toi. Mais j'ai juré de me taire, et je tiens parole, tout en te répétant : Prends garde à toi, Mauricette! »

Et Marthe avait raison en complimentant son amie sur le changement heureux qui s'était opéré en elle : car depuis la leçon cruelle qu'elle avait reçue, Mauricette n'était plus la même. L'orgueil et l'égoïsme qui, un moment, s'étaient emparés d'elle avaient disparu devant l'expérience que lui avait apportée le malheur : et les heureuses qualités que ce germe fatal avait étouffées un moment s'étaient

développées plus complètes et plus vives. et la rendaient
la digne image de sa vertueuse mère.

C'était avec une joie bien vive que la marquise avait
observé cet heureux changement dans sa fille : mais. inquiète dans son bonheur. elle tremblait à la pensée que
cette conversion pouvait n'être que passagère. et priait
Dieu de toute son âme de conserver pure et vertueuse
celle de son enfant.

Quant à la bonne Duval. c'était avec affection et gaieté
qu'elle aidait Mauricette dans tous les embarras où l'entraî-
nait sa charité constante : mais jamais elle ne parlait de
Marthe ; vainement notre jeune héroïne l'interrogeait sur
son amie : car alors. ou elle gardait complétement le silence.
ou des monosyllabes désespérants venaient couper court à
la conversation. Pourtant Mauricette avait fait. du fond de
son cœur. l'amende honorable la plus humble et la plus complète sur la conduite qu'elle avait tenue à Paris envers elle et
sa fille : rien n'était venu détruire le rempart de glace que
la bonne Duval semblait avoir établi entre Marthe et Mauricette.

Voilà où en étaient les choses au moment où le camélia
rose. charmant mercure de la gentille Marthe. apporta ce
nouveau billet.

—A quoi donc dois-je prendre garde?...se demandait avec
inquiétude la fille de la marquise. Décidément, ma petite amie
peut remplacer le sphinx avec grand avantage !... Bavarde
et discrète tout à la fois ! c'est en vérité trop de moitié...

Pourtant un bon averti en vaut deux, dit le proverbe...
D'accord : mais je suis mal avertie, il me semble. Allons,
à la grâce de Dieu ! armons-nous en guerre... et attendons.

Et, pour s'armer en guerre, Mauricette fit une charmante
toilette, et s'en alla faire les plus tendres caresses à sa
mère : mais, quoi qu'elle en eût, la préoccupation et l'inquiétude se lisaient sur ses traits.

La marquise s'en aperçut.

— Es-tu donc souffrante, ma fille ? lui demanda-t-elle
avec intérêt : tu as les yeux plus brillants, les joues plus
rouges que de coutume : puis un nuage semble couvrir ton
front.

— Non... non... ma bonne mère, répondit vivement
notre amie, je suis bien... très-bien... et je me trouverais
heureuse et contente auprès de vous, dans notre charmante
retraite, si un regret, un seul, ne laissait glisser du fiel
dans ma coupe de joie : ce regret, c'est la privation de
Marthe : car je sens aujourd'hui combien je lui suis profondément attachée, et combien mes torts ont été grands
envers elle.

En entendant ces paroles, la marquise prit vivement entre ses mains la tête de sa fille agenouillée devant elle,
et attachant ses regards sur les beaux yeux élevés vers elle,
comme si elle eût voulu lire au fond de sa pensée :

— C'est bien sincèrement que tu éprouves ce que tu me
dis là, n'est-ce pas, Mauricette ?... lui demanda-t-elle avec
une douce sévérité.

— Oh ! maman !... fit la jeune fille en laissant échapper de son cœur un douloureux soupir : vous douterez donc toujours de votre enfant ?

A ce tendre reproche qui s'échappait de l'âme, M⁼ᵉ de Rostanges prit sa fille dans ses bras et la serra avec amour sur sa poitrine.

— Écoute-moi bien, ma chère enfant, dit-elle ensuite en faisant asseoir Mauricette auprès d'elle : j'ai reçu deux propositions que je dois te soumettre. L'une vient d'une excellente amie de jeunesse, établie à Paris, qui est veuve, riche et sans enfants : elle te demande auprès d'elle. Tu jouiras là des plaisirs que tu aimes ; tu rentreras dans ce monde qui avait tant de charmes pour toi : tu seras en un mot considérée comme sa fille et son héritière.

« L'autre proposition est bien humble auprès de celle-là : c'est une demande en mariage d'un de nos voisins, bon gentilhomme, mais gentilhomme campagnard, puisqu'il est obligé, par la modicité de sa fortune, de faire valoir lui-même ses terres ; enfin, c'est presque un fermier, pour te dire la vérité complète. Mais ses nobles qualités, ses vertus généreuses l'ont rendu la vénération et l'amour de tous ceux qui l'entourent. Réfléchis donc et choisis, ma fille, entre le plaisir et l'opulence, ou le bonheur et la médiocrité.

— Mon choix est fait, ma mère, dit vivement Mauricette : toute réflexion est donc inutile, et je connais trop les plaisirs mensongers du monde pour me laisser séduire par leurs appas trompeurs. Remerciez votre généreuse amie pour moi, et dites-lui que je ne veux avoir sur la terre d'autre mère que la mienne, la mienne, modèle de toutes les vertus et de toutes les qualités aimables. Quant au mari, ajouta-t-elle en souriant, je l'accepte sans aucune répugnance, s'il m'est donné par vous, et je vous promets de devenir, sans fausse honte et de grand cœur, madame la fermière, si mes nouveaux devoirs l'ordonnent.

En entendant sa fille parler ainsi, l'heureuse marquise leva les yeux vers le ciel pour le remercier, tandis que de douces larmes glissaient le long de ses joues, comme deux ruisseaux limpides à travers la prairie.

— J'avais prévu ta réponse, ma fille: aussi tout est-il convenu pour que la présentation officielle du mari que tu acceptes se fasse aujourd'hui même, dit-elle enfin en souriant à travers ses douces larmes. Va donc t'habiller promptement et redescends au plus vite.

Mauricette embrassa tendrement sa mère et s'élança vers sa chambre avec toute la légèreté d'une jeune biche bondissante; mais, en ouvrant la porte, elle poussa un cri d'étonnement et de joie et s'arrêta sur le seuil, comme pour ne pas faire disparaître la vision qui se présentait devant elle.

Cette vision était Marthe, mais Marthe non plus attifée ridiculement comme elle s'était présentée à Paris; au contraire, toute parée, non-seulement de gentillesse et de grâce, mais encore d'une charmante et modeste toilette qui faisait valoir tous ses avantages.

— C'est toi, Marthe!.. c'est toi, ma sœur!... s'exclama
Mauricette avec joie, après avoir rendu avec tendresse à
son amie toutes les caresses qu'elle en avait reçues. Eh!
d'où viens-tu, mon Dieu! que tu sois aussi changée et aussi
gentille? Certainement, ajouta-t-elle en riant, tu as été,
pendant ton absence, trouver quelque bonne fée, ta mar-
raine, qui t'a transformée ainsi.

— Eh mon Dieu! oui, fit Marthe en riant à son tour,
j'ai été changée par une bonne fée, c'est M⁻ᵉ la marquise ta mère, et par une autre fort coquette et fort
maligne, qui s'appelle M⁻⁻ Mauricette de Rostanges.
Mais trève de plaisanteries! continua-t-elle en reprenant
un petit air grave; voilà comment les choses se sont passées. — Lors de notre dernière entrevue à Paris...

En entendant ces paroles, Mauricette devint fort rouge;
mais Marthe lui serra tendrement la main et reprit en
souriant :

— Tous les torts n'étaient pas pour toi; car je conviens
que j'étais parvenue à me rendre l'être le plus ridicule
qu'il se puisse rencontrer; et je comprends fort bien ton
embarras à reconnaître pour amie une sotte fille aussi
mal fagotée que moi. Aussi, tandis que nos deux mères,
très-mécontentes de toi, complotaient leur grand projet,
je fis de mon côté mon plan de campagne et me promis d'é-
tudier si bien les manières des Parisiennes que je finirais
par les prendre à mon tour. Ma mère, pour me complaire,
resta à Paris aussi longtemps que vous y fûtes toutes deux;

car nous ne précédâmes votre retour que de quelques instants seulement. Alors on voulut nous séparer et m'envoyer auprès d'une de mes tantes, et cela dans la crainte que je ne fusse pas assez discrète pour garder avec toi le secret d'où dépendait, dit-on, et ton avenir et ton bonheur : et ce ne fut qu'à grand'peine que j'obtins de rester cachée au château, pour ne pas me séparer de toi, m'engageant formellement à ne jamais te parler, à ne jamais me faire voir. Je promis; j'étais auprès de toi, cela me suffisait. D'ailleurs, durant le jour, je te voyais à travers les jalousies de ma fenêtre; et le soir, quand tu étais endormie, j'allais te porter mon baiser de bonsoir. Ta bonne mère venait me voir souvent, nous parlions de toi toujours, et elle m'aidait à te ressembler; puis je cherchais à t'imiter quand je te voyais passer sous ma fenêtre avec toute la grâce d'une sylphide légère. Enfin, me voilà telle que je suis arrivée à me faire aujourd'hui; et il faut avouer que si la robe ne fait pas le moine, elle le change terriblement.

Et, tout en parlant ainsi, Marthe jetait un regard fort satisfait dans une glace qui se trouvait en face d'elle.

Mauricette se mit à rire en voyant le petit accès de coquetterie de son amie; Marthe s'en aperçut et reprit, moitié souriant, moitié rougissant :

— Allons! voilà l'orgueil qui lui revient, parce qu'elle va devenir marquise.

— Devenir marquise! s'exclama Mauricette avec gaieté; tu veux dire devenir fermière, et ta langue a fourché.

— Alors tu ne sais donc rien?... fit Marthe avec le plus grand étonnement.

— Que veux-tu que je sache autre que ce que m'a dit ma mère? répondit Mlle de Rostanges en attirant sa jeune amie pour la faire asseoir auprès d'elle. Mais puisque tu es auprès de moi, tu vas m'apprendre tout ce mystère, n'est-ce pas, ma petite Marthe?

— Mais puisque j'ai promis de me taire? fit celle-ci avec embarras.

— Avec cela qu'on a eu si grande confiance en ta promesse, que l'on t'a mise sous clef pour te la faire garder... dit Mauricette en riant. Aussi il me semble que la prudence avec laquelle on a agi avec toi te dégage de tout scrupule.

— Tu crois? murmura la pauvre Marthe balancée entre le désir de satisfaire son amie et la crainte de manquer de parole à sa mère. Et comme Mauricette redoublait ses prières et que Marthe sentait diminuer ses scrupules, la porte de la chambre s'ouvrit, et la bonne Duval entra en riant.

A sa vue, Marthe devint rouge comme une cerise.

— Eh bien! fit celle-ci, avais-je raison de te garder sous clef pour être sûre de ton silence, et ne suis-je pas arrivée bien à temps pour t'empêcher de commettre une indiscrétion complète? Allons, mesdemoiselles, Mme la marquise vous demande, ajouta-t-elle en embrassant nos jeunes amies et les entraînant avec elle.

Quand elles entrèrent au salon, elles trouvèrent avec Mme de Rostanges deux étrangers dans le salon: tous deux se levèrent, et la marquise prenant le plus jeune par la main :

— Ma fille, dit-elle avec dignité, je vous présente M. le marquis de Coral, qui me fait l'honneur de solliciter une alliance avec vous; que dois-je lui répondre?

— Que je vous obéirai, ma mère, en cette occasion comme toujours, fit Mauricette en saluant avec embarras et jetant sur son prétendu un regard aussi charmé que surpris.

— Eh bien! alors, dressons le contrat, dit Mme de Rostanges en s'adressant au second étranger, qui n'était autre que le notaire. Si ces messieurs veulent passer un instant dans mon cabinet, ils se concerteront ensemble, et d'avance je souscris à tout.

Ces messieurs s'inclinèrent et sortirent.

— Quoi ! maman, vous avez donc changé d'avis, et au lieu de me faire fermière vous me transformez en marquise ? dit en riant Mauricette.

— Je voulais savoir tout simplement si tu étais bien guérie de ton sot orgueil, dit Mme de Rostanges en embrassant tendrement sa fille, et le fermier n'était qu'une épreuve... comme la perte de notre procès, ajouta-t-elle. Heureusement, il n'en est rien : mais j'ai voulu t'apprendre, à tes dépens, à connaître les amies du monde. Me pardonnes-tu, mon enfant ?

— Si je vous pardonne, ma mère ! s'écria l'heureuse Mauricette en tombant aux genoux de sa mère et couvrant

ses mains des baisers les plus tendres. Je vous bénis...
car sans vous mon avenir et mon bonheur eussent été
perdus à toujours.

Fort peu de jours après cette petite scène de famille,
Mlle de Rostanges suivit à l'autel M. le marquis de
Coral, qui, aussitôt après la cérémonie nuptiale, l'emmena dans une terre qu'il possédait au midi de la France.
Alors la pauvre Marthe, triste et heureuse tout à la fois du
bonheur et du départ de son amie, rentra dans sa chambre
pour laisser couler les larmes que jusque-là elle dévorait
en silence. Quelle fut sa surprise et sa joie d'y trouver dans
un magnifique vase de porcelaine le beau camélia rose de
Mauricette, portant un grand papier attaché après lui !
Marthe prit vivement le papier, et il s'en détacha un petit
billet qu'elle reconnut pour l'écriture de Mauricette. Voici
ce qu'il contenait :

« Adieu, ma gentille Marthe ; adieu, ma seule et véritable amie ! Je pars pour quelque temps ; mais je revien-
drai toujours la même pour toi. En attendant, garde notre
gentil confident ; il te parlera de moi, il te rappellera
notre bonne et sincère amitié d'enfance, et reçois en mon
nom tous les dons qu'il te fera ; alors tu combleras de
joie le cœur de Mauricette. »

L'autre papier contenait une donation de 40 000 francs,
portant comme suscription :

« *Dot de Mlle Marthe Duval.* »

Au milieu de ses larmes, Marthe se prit à sourire.

— Eh bien, j'accepte votre présent, mon gentil arbris-
seau, dit-elle en donnant un baiser sur le feuillage du camélia, et soyez tranquille, avec lui, si je ne suis pas marquise, je serai certainement heureuse.

Et notre gentille Marthe tint parole au camélia.

L'ENTRÉE DANS LE MONDE

L'ENTRÉE DANS LE MONDE

BÉRENGÈRE DE CHATEAUVIEUX A THÉRÈSE DE BERNIER.

Nous voici enfin arrivés aux bains de Saint-Gervais.
ma bonne Thérèse. et après avoir mis ordre à mes affaires,
c'est-à-dire rangé mon linge et mes robes avec le plus
grand soin possible dans les innombrables armoires qui
garnissent la chambre et le cabinet formant le total de mon
très-seigneurial domaine. je viens bien vite causer avec
toi. pour te prouver d'abord ma bonne amitié. puis aussi
un peu ma conscience à tenir la parole que je t'avais donnée
de t'écrire aussitôt mon arrivée aux eaux.

Je ne te parlerai ni du personnel, ni même du matériel
de l'endroit. car je n'ai pas encore eu le temps de rien
voir ici; mais je te raconterai tant bien que mal les incidents
de mon voyage.

Hélas! tant que nous sommes restés en France. rien
n'est venu distraire la monotonie de la route. et ce n'est
que de Salenches à Chamouny que j'ai pu avoir l'espérance

d'un accident quelconque; espérance trompeuse, comme
tu vas le voir.

Nous étions, mon oncle, ma tante, sa femme de chambre, nos paquets et moi, entassés dans un de ces petits
chars-à-bancs dont on se sert en Suisse à cause de l'étroi-
tesse des chemins, chars-à-bancs où l'on se trouve assis
absolument comme dans les omnibus, et notre véhicule
venait de quitter la route de Salenches pour s'engager à
droite dans la gorge, non moins agreste, au fond de laquelle, humble rival de Vichy, de Baden et de Baréges,
est enfoui l'établissement des bains de Saint-Gervais, et
cheminait lentement, ouvert au soleil, au vent et à la pluie,
avec une simplesse vraiment héroïque, quand tout à coup
un soubresaut terrible vint faire pousser des cris déchirants à la pauvre Sophie, qui se voyait déjà ensevelie au
fond de quelque précipice, et nous fit devenir, ma tante et
moi, aussi pâles que la cime du mont Blanc, qui est toujours,
comme tu le sais, couverte de neige.

— Qu'y a-t-il donc? fit mon oncle en se frottant les
yeux et bâillant le plus tranquillement du monde.

— Il n'y a rien fort heureusement, répondit ma tante
qui avait repris tout son sang-froid; mais il pouvait y
avoir un accident fatal si nous eussions versé ici. Rassurez-
vous donc, ajouta-t-elle en souriant, et profitez de notre
terreur pour rester un peu éveillé... On dirait, en vérité,
que l'influence du territoire savoyard vous a déjà méta-
morphosé quelque peu en marmotte.

— Mais que faire en voyage, à moins que l'on ne dorme? reprit mon oncle en bâillant derechef.

— Oh! mon cher oncle, m'écriai-je avec indignation, dormir devant un site aussi pittoresque! rester aveugle en présence d'un pareil spectacle! Il faut n'avoir aucune poésie dans le cœur!

Ma tante me jeta un coup d'œil sévère, et sans doute elle allait me faire une réprimande quelque peu virulente, car elle bat toujours en brèche mon imagination, quand mon excellent oncle, pour détourner l'orage, reprit en étendant la main en dehors de la voiture :

— Ah! nous avons enfin quitté l'Arve, et ce gros ruisseau qui coule à notre droite doit être le Bonnant; ainsi dans quelques minutes, je l'espère, nous serons arrivés à Saint-Gervais. On y dine à six heures, je suppose?

— *Mangiar, dormir e ber!* voilà votre devise, monsieur de Tresan, fit en riant ma tante qui avait repris toute sa bonne humeur : vous auriez figuré à merveille dans le corps de *Papatacii*.

— *Papatacii* tant que vous voudrez, répondit en riant à son tour l'excellent homme. Je n'ai pas l'honneur d'être doué, comme Bérengère, d'un de ces estomacs contemplatifs qui se repaissent en admirant un beau paysage; il me faut le pain des forts. Et, en ce moment, je donnerais toutes les aiguilles du mont Blanc, y compris les vallées et les collines, pour la plus vulgaire côtelette accompagnée d'une bouteille de bon vin.

En entendant ces paroles, que je trouvais des plus of-
fensantes pour le paysage et pour moi, je me surpris à
hausser légèrement les épaules ; et pour cacher la rougeur
qui me montait au front après avoir fait une action aussi
irrévérencieuse, je sortis ma tête hors de la patache, et, je
te l'avoue, j'oubliai et mon oncle et ses plaisanteries, car
je restai saisie d'admiration en examinant le chemin tor-
tueux et pittoresque qui bordait à droite le ruisseau du
Bonnant, tandis qu'à gauche un escarpement boisé proje-
tait sur nos têtes une voûte de feuillage, rafraîchie par le
voisinage de l'eau et frémissant au gré des vents.

— Oh! regardez donc le joli site, ma bonne tante !
m'écriai-je.

Et ma tante passa aussitôt sa tête hors d'une des por-
tières du char-à-bancs.

— C'est vrai, il est charmant! dit-elle ; et ce serait un
théâtre merveilleux pour une de ces jolies scènes que
Walter Scott aime tant à décrire. Cela ne te rappelle-t-il
pas, par exemple, Bérengère, continua-t-elle en me montrant du doigt un endroit du ruisseau où l'eau claire et
limpide glissait comme une brillante lame d'argent, le gué
où la Dame blanche fit faire un si beau plongeon au sa-
cristain du monastère?

— Ou plutôt, fis-je en désignant à mon tour un arbre
majestueux et gigantesque, l'endroit où Francis Osbaldis-
tone aperçut pour la première fois Diana Vernon?

— Parbleu! c'est toi qui dis vrai! s'écria tout à c

mon oncle en faisant un soubresaut sur la banquette. Que
je meure si ce n'est pas Diana Vernon elle-même qui se
rend à votre évocation et vient au-devant de nous!

En effet, une jeune femme à cheval, dont une amazone
de drap brun faisait ressortir la taille svelte et cambrée, et
qui se tenait immobile, venait de nous apparaitre à un dé-
tour subit du sentier, et, ombre ou réalité, sa présence
imprévue dans ce lieu solitaire avait un charme mystérieux
qui, pendant un instant, nous rendit tous muets de surprise et de plaisir. Le cocher lui-même, malgré son flegme
habituel, eut un moment de terreur, sans doute, car il ré-
veilla par un coup de fouet si violent l'ardeur de ses hari-
delles, que celles-ci, sortant de leurs habitudes par un élan
soudain, menacèrent la belle amazone d'une poursuite à
laquelle elle eût pu difficilement se soustraire, et elle
tournait vers nous la tête avec la vivacité d'un pauvre
oiseau effarouché et poursuivi, quand heureusement en
cet instant, semblable à une troupe militaire qui vient au
secours d'une vedette menacée par l'ennemi, une cavalcade composée d'une douzaine d'hommes et de femmes
déboucha au tournant du chemin où la jeune écuyère
s'était montrée seule jusque-là.

Sans doute leur nombre en imposa à nos chevaux, car
ils reprirent aussitôt leur allure douce et paresseuse.

— Ce sont des baigneurs de Saint-Gervais en promenade, fit ma tante en riant à l'aspect de cet escadron gro-
tesque, dont les montures, moitié ânes, moitié petits che-

vaux de louage, avaient les allures les plus plaisantes du monde.

Alors les promeneurs et notre cocher se rapprochèrent les uns des autres, en prenant mutuellement la droite du sentier, précaution indispensable, car le passage était si étroit que les cavaliers furent obligés de défiler un à un dans l'espace laissé libre entre le char-à-bancs et la montagne. Dans cette manœuvre, l'amazone à la robe brune avait pris place près d'une dame d'un âge mur, qui chevauchait fièrement sur une jument poulinière à moitié aveugle.

— Vous nous avez vraiment fort effrayés pour vous mademoiselle Laurence, lui dit alors un monsieur d'un certain âge, qui paraissait le chevalier courtois de ces dames.

— Effrayés! pourquoi?... fit dédaigneusement la jeune personne en cinglant les reins de son cheval d'un léger coup de cravache, comme pour l'exciter encore et prouver qu'elle n'avait nulle crainte.

— Voilà une jeune personne qui m'a l'air trop cavalier pour être une fille bien élevée, dit ma tante en jetant un regard observateur sur l'amazone, tandis que notre véhicule, reprenant une allure plus vive, nous séparait des promeneurs.

— Vous me semblez, ma chère, bien sévère pour cette nouvelle Diana Vernon, reprit mon bon oncle, défenseur né de tout ce que l'on attaque en sa présence. Elle est belle et gracieuse ; et je demande grâce pour elle jusqu'à plus ample information.

Ma tante se mit à sourire ; car, quoique sévère, elle est excellente aussi. Et peu après nous arrivâmes aux bains de Saint-Gervais, où, après nous être tant bien que mal installés dans la meilleure auberge de l'endroit, — je n'ose pas appeler hôtel le bouge dans lequel nous logeons, — je me suis dépêchée de venir t'envoyer les plus affectueux souvenir du monde.

BÉRENGÈRE A THÉRÈSE.

Un peu malgré ma tante, mais la nécessité est au-dessus de la volonté, j'ai enfin fait mon *entrée dans le monde*, ma chère Thérèse ; car le monde est partout où il y a un salon et des gens qui s'y réunissent, n'est-ce pas? Je m'en vais te conter comment tout cela s'est passé; mais remontons plus haut, je te prie, non pourtant au déluge, comme l'Intimé; ainsi n'aie pas peur.

Tu sais que j'ai eu le malheur d'être orpheline depuis ma plus tendre enfance, et que la sœur de ma mère m'a toujours tenu lieu de l'être chéri que j'ai perdu; tandis que M. de Tresan, mon bon oncle, est mon tuteur et le régisseur de ma fortune, qu'il administre à la honte de tous les tuteurs passés, présents et futurs; car, à ma majorité, je serai, je crois, doublement plus riche que je ne l'étais quand la mort cruelle de mes bien chers parents m'en a fait l'héritière. Mais hors de ses comptes, de ses fermages et de ses affaires contentieuses, mon oncle dépose le sceptre, et ma tante, qui s'en empare alors, règne et gouverne sans partage, mais aussi sans despotisme, crois-le bien; car, nonobstant sa sévérité, peut-être un peu trop grande, elle est parfaitement bonne, surtout pour moi, qu'elle aime vraiment comme si j'étais son enfant. Tu as dû t'en apercevoir, d'ailleurs, pendant le long séjour que nous avons fait ensemble au couvent, ma Thérèse : car quelle pensionnaire avait plus de plaisirs et de gourmandises que moi, ces deux bases de la gaieté de la famille pendant qu'on est sous les verrous? Mais Mme de Tresan, d'une noblesse fort ancienne et d'une distinction hors ligne, a des idées fort arrêtées et très-sévères sur l'éducation mondaine des jeunes personnes, si je peux m'exprimer ainsi, et veut me former sur le modèle parfait qu'elle caresse dans son imagination, modèle auquel je suis si loin de ressembler, même en espérance, que je désespère complétement d'en atteindre le plus léger reflet.

« C'est une femme bien élevée!... » voilà le *nec plus ultra* des compliments de ma tante, qui répète sans cesse que ce qu'elle regrette surtout des derniers siècles, c'est l'amabilité et le savoir-vivre des femmes.

— Aujourd'hui, dit-elle, les jeunes filles elles-mêmes prennent un laisser-aller du plus mauvais goût. Ainsi, voyez-les dans un salon : les unes sont à moitié couchées

dans de larges fauteuils, tandis que des femmes plus âgées
qu'elles sont assises sur des chaises : les autres caquètent
en groupes autour du piano, pendant qu'un artiste se fait
entendre, au lieu d'observer le silence, ce qui serait plus
aimable et plus honnête en même temps. Puis elles cau-
sent légèrement avec leurs danseurs, rient bruyamment,
enfin montrent si peu de savoir-vivre, que nous autres
femmes du temps passé, c'est-à-dire de celui où la bonne
société existait encore, nous nous demandons si l'éducation brillante que l'on donne aujourd'hui aux jeunes filles
ne leur est pas plutôt nuisible qu'utile, puisqu'elle leur
fait prendre de ces manières évaporées qui déparent toujours; car elles enlèvent le premier de tous les charmes :
la modestie et la pudeur!

Voilà les idées bien arrêtées de ma chère tante, et tu
comprends qu'en les respectant fort j'en ris tout bas; car
elles sont arriérées de plusieurs siècles, et je crois qu'il
faut vivre avec son époque. Maintenant que tu es bien au
fait des précédents, je vais continuer mon histoire.

Le premier jour de notre arrivée ici, nous sommes tout
naturellement restés enfermés dans notre appartement
pour nous reposer; mais le lendemain, quand des éclats
de rire joyeux se sont fait entendre dans les escaliers, puisque j'ai pu voir sous mes fenêtres tous les préparatifs
d'une nombreuse et très-bruyante cavalcade, je t'avoue
que je me suis sentie bien triste et bien seule, et que c'est
fort contrariée que j'ai pris un livre pour me distraire.

Ma tante s'est aperçue de ma maussaderie : car, je l'avoue
en toute honte, maussaderie est le mot propre à appliquer
à la chose.

— Tu es triste, ma pauvre Bérengère, me dit-elle en
m'embrassant, et tu te trouves bien isolée ici, seule avec
moi, n'est-ce pas ? Je regrette ce petit mouvement de con-
trariété, qui se dissipera bientôt, je l'espère ; car ce soir
même je compte te présenter à ces dames à l'heure où
elles sont réunies au salon.

Comme elle s'aperçut d'un mouvement joyeux qui m'é-
chappa :

— Pourtant, ajouta-t-elle plus gravement, ne va pas
croire que je te permettrai de te joindre à toutes ces cavalcades bruyantes que tu viens de voir défiler sous tes
yeux ; ce sont des plaisirs que je blâme et dont une jeune
fille bien élevée doit s'abstenir toujours.

Après ces dernières paroles, ma tante me laissa, moitié
fâchée, moitié contente : car, tout en espérant les plaisirs
du salon, je regrettais ceux de la promenade.

Le soir arriva enfin ; et, vêtue d'une très-modeste robe
de mousseline blanche, je fis mon entrée dans le monde !
Toute la société était réunie dans un salon où l'on dansait. A notre entrée, chacun chuchota, on nous fit quelques saluts, puis nous nous trouvâmes, ma tante et moi,
assises sur une banquette, où nous fûmes passées en
revue d'une façon assez peu charitable, du moins je le
crois d'après quelques sourires féminins dont je m'aperçus.

Le premier moment fut donné tout entier à l'émotion : puis, peu à peu, je me calmai assez pour observer à mon tour. J'avais à mon côté, et faisant pendant à ma tante, une bonne grosse dame vêtue de vert violacé, et si fort parfumée qu'elle ressemblait à une botte d'asperges au musc. La pauvre femme attendait et soupirait un danseur, qui, hélas ! n'arrivait pas. Vainement elle avançait son pied, chaussé de satin blanc ; plus vainement encore elle sautillait sur sa banquette d'une façon assez légère pour faire trembler tout l'édifice : comme sœur Anne, elle ne voyait poudroyer que la poussière, et aucun cavalier n'arrivait vers elle.

— Ne pensez-vous pas, mademoiselle, dit-elle tout à coup en se retournant vers moi, que les hommes ont bien mauvais goût de trouver que M⁰⁰ de Chavailles est une jolie femme ?... C'est une coquette et voilà tout.

Et en parlant ainsi, du bout de son éventail, la pauvre délaissée me montrait une jeune et charmante personne qui, vêtue d'une robe de crêpe, ayant les perles dans les cheveux, semblait régner en puissante souveraine sur une foule de jeunes gens qui se disputaient autour d'elle l'honneur d'un mot, d'un regard ou d'une contredanse. Je reconnus aussitôt notre vision fantastique de la veille, la superbe amazone du grand chemin.

— Pardonnez-moi, madame, si je ne partage pas votre avis, fis-je en m'inclinant doucement ; mais je trouve que cette demoiselle est la plus jolie que l'on puisse voir.

— Tu as raison, Bérengère, dit ma tante avec le grand
air que tu lui connais ; mais je lui voudrais une meilleure
tenue pour qu'elle fût parfaite ; car on la prendrait bien
moins pour une jeune fille que pour une jeune femme fort
émancipée.

Notre voisine parut enchantée de la remarque, et sans
doute elle allait enchérir sur sa belle rivale, quand un
monsieur, se présentant pour danseur, interrompit notre
conversation... Malheureusement, il n'était pas pour
elle !...

Cette première soirée se passa sans incident nouveau ;
et quand minuit sonna, je suivis ma tante, plus fatiguée,
je crois, qu'amusée de mon plaisir.

Voilà, ma chère Thérèse, mes impressions mondaines
du moment, et comme j'ai passé une nuit assez agitée, et
que c'est à mon réveil que je t'écris cette nouvelle importante de mes débuts dans le monde, je ne sais pas jusqu'à
quel point le verre de mes lunettes peut être trouble et ce
que tu dois en croire ; mais ce dont tu ne dois jamais douter, sous peine d'ingratitude, c'est de ma bonne et sincère
amitié pour toi. Adieu, ma Thérèse ; à bientôt.

BÉRENGÈRE A THÉRÈSE.

Je ne sais pas où j'avais la tête quand, en finissant ma
dernière lettre, je te disais que je trouvais plus de fatigue
que d'ennui dans un bal. Raye cela bien vite de tes souvenirs, je te prie, car je trouve maintenant qu'un bal est
la plus jolie chose du monde, et surtout la chose la plus
amusante : et tu le comprendras sans peine quand je t'aurai
dit... mais, en vérité, je ne sais pas comment te le dire...
Tant pis ! je me risque... quand je t'aurai dit que je suis
aujourd'hui la jeune personne la plus recherchée du salon !
La belle Mlle de Chavailles en enrage ; la grosse dame en
botte d'asperges décoche sur moi ses regards les plus
meurtriers : les autres mamans n'ont pas l'air non plus de
voir avec grand plaisir les succès que, pensent-elles, j'en-
lève à leurs chères filles. Mais tout cela m'inquiète peu ;
et j'avoue que je découvre avec un grand plaisir l'empressement que tous les hommes les plus élégants ont pour
moi. Je suis toujours invitée pour la soirée entière ; à la
promenade, il se forme un cortége autour de nous. Enfin,
ma bonne Thérèse, j'ai vraiment un très-beau succès...

Dans les premiers jours, ma tante eut l'air assez mé-
content de mon triomphe ; puis elle a semblé en prendre
son parti, et elle se contente de quelques sourires narquois et de quelques remarques peu indulgentes sur ma
personne.

7

— Vous voilà bien fière, ma chère petite, d'attirer sur vous les louanges de notre salon, me disait-elle l'autre jour; et je m'aperçois, ma fille, que votre coquetterie se développe en raison des compliments dont on vous assomme. Vous prenez des petites mines véritablement fort drôles; vous vous serrez la taille à vous donner des maux d'estomac mortels; vous dansez toute la soirée de façon à en attraper une fluxion de poitrine, et je vous laisse faire, parce que je crois que l'expérience est le meilleur des conseillers. Mais vous êtes-vous demandé ce qui cause ainsi l'engouement de chacun? Sont-ce vos jolis yeux bleus bien fendus en amande? vos beaux cheveux couleur d'or? votre petit pied mignon? votre taille souple et bien prise?...

Puis ma tante finit tout cela par un de ces sourires qui ne vous apprennent *jamais* si elle plaisante ou si elle gronde, et me quitte ainsi, en me laissant sous une impression que je ne peux pas te rendre.

Mon Dieu, Thérèse, ma tante a-t-elle vraiment de l'affection pour moi? J'ai entendu dire par ses vieux amis que dans sa jeunesse elle a été la plus jolie personne qu'il se puisse voir: ne regrette-t-elle pas ce temps?... et m'en veut-elle?... Oh! quelle horrible pensée il me vient là!... Oh! mon bon ange, pardonnez-moi!...

Si je ne déchire pas cette vilaine et sotte lettre, Thérèse, c'est pour me punir en rougissant devant toi. Voilà cependant où la coquetterie peut conduire! Je te quitte.

amie : j'ai besoin d'aller auprès de ma tante, lui demander
tacitement pardon de ma faute ; car, tu le sais, elle a bien
voulu me permettre de t'écrire sans devoir lui montrer
mes lettres, et je t'avoue que jamais je n'aurais le courage
de lui dire que j'ai eu sur elle une pensée pareille : elle a
toujours été si maternellement bonne pour moi !... Oh !
que je suis coupable, ma pauvre Thérèse !...

THÉRÈSE A BÉRENGÈRE

Serais-tu donc malade, ma bien chère Bérengère, que
tu restes un aussi long temps sans m'écrire ? Voici quinze
grands jours que je n'ai reçu de tes nouvelles, et je t'avoue
qu'il m'est pénible d'être arrêtée sur ta dernière lettre,
lettre pleine de coquetterie et d'ingratitude. Oh ! comme
je te gronderais si je n'étais pas inquiète de ta chère santé ;
comme je te dirais que l'amour de soi rend égoïste et
mauvais !... Tu le vois, jusqu'à la vénérable M⁻ de Tresan,
que jamais l'ombre d'une médisance n'a osé effleurer de
son aile empoisonnée, accusée par toi. Bérengère, par toi
auprès de qui elle a remplacé la mère la plus dévouée et
la plus tendre, accusée d'envier ta beauté !... En vérité,
tu serais la fille du monde la plus coupable, si tu n'en
étais pas la plus folle ; aussi je ne prends pas mon air
digne que tu me reproches si souvent, je ne mets pas mes
lunettes de pédante ; mais je me permets tout simplement

de te rire au nez comme à une petite sotte que quelques succès de salon enivrent assez pour lui en faire perdre la tramontane.

Tu as, j'en conviens, de fort beaux yeux; tu as aussi les plus beaux cheveux blonds du monde; mais je ne sache pas encore que tu possèdes la beauté si merveilleuse d'une princesse de je ne sais quel conte de fées, qu'elle faisait tomber les gens à la renverse quand ils se permettaient de la regarder. Alors je te conseille plus de modestie, la coquetterie rend toujours très-ridicule; comment s'orner l'esprit s'il n'est rempli que de son image?... Mais je ne veux pas te sermonner comme ta bonne tante; car, comme ta bonne tante aussi, tu m'accuserais d'envier tes charmes; et puisque j'ai les cheveux fort noirs et la peau assez brune, tu ferais contre moi le rapprochement le plus désobligeant possible pour ma très-humble personne.

Mais trêve de plaisanterie, et, je te le répète, ma bien chère Bérengère, je suis inquiète de toi et te crains malade, soit au physique, soit au moral. Écris-moi donc bien vite, et surtout pardonne-moi les plaisanteries que ma lettre renferme en faveur de toute mon affection, qui me fait redouter pour toi un de ces vilains défauts qui se glissent comme de sombres nuages pour troubler la limpidité d'un beau ciel d'azur. Redeviens donc toi-même, redeviens la simple et modeste jeune fille que nous aimons tant, et prends tes petits succès du monde avec tout le sang-froid d'un héros habitué à vaincre.

Voilà une dernière phrase qui dore ma morale, j'espère...

Écris-moi donc bien vite, Bérengère, et aime-moi toujours !

BÉRENGÈRE A THÉRÈSE

Ce n'est pas la maladie, et c'est encore bien moins la coquetterie qui a mis un fil à ma plume, ma bonne Thérèse ; c'est tout sottement la honte et l'embarras, car je ne sais comment te raconter l'aventure désagréable qui m'est arrivée ces jours derniers. Et pour faire, comme toi, des citations merveilleuses, je te dirai que je peux absolument me comparer aujourd'hui à ce jeune monarque de n'importe quel conte, qui, pensant avoir un superbe diamant à son chapeau, s'aperçoit, dans une circonstance solennelle, que ce diamant est une nèfle.

— Une nèfle ! vas-tu te récrier : voici une triste similitude...

Eh bien ! ma chère, il n'en est pas de plus juste, et tu en conviendras quand je t'aurai raconté ma déplorable histoire.

J'en étais restée, je crois, à mes succès... Eh bien ! revenons-y : car ce n'est plus, hélas ! que pour mémoire !...

Je continuais donc à être entourée, à briller, à régner, et ma tante à ne rien dire. Tout cela n'était pas naturel.

et j'aurais dû m'en apercevoir : mais tu as raison, Thérèse,
la coquetterie rend folle. Aussi jouissais-je superbement
de mon triomphe, sans m'inquiéter de sa durée : je regar-
dais en pitié les jeunes filles qui, modestement, se tenaient
à l'écart, et je me posais en rivale de M. de Chavailles,
laquelle, bravement, cherchait à me disputer le sceptre ; en
un mot, j'étais devenue insupportable pour tout le monde.

Il faut, pour que tu comprennes bien ce qui va suivre,
que je te dise que ma tante a rencontré ici une de ses an-
ciennes connaissances, le chevalier de La Costé, homme
d'esprit, j'en conviens, mais qui est de ces officieux amis
ayant toujours un pavé à la main pour vous écraser sur la
face les mouches bourdonnantes de la médisance. Je n'eus
pas le talent de lui plaire, et il se déclara entre nous une
de ces petites guerres intestines que l'on cache, il paraît,
dans le monde, sous le plus aimable sourire.

Tu vois, ma très-chère, que je commence à me former ;
mais, comme dit le bon Sancho, revenons à nos chèvres,
je devrais plutôt dire à mes loups...

Un soir donc, nous étions tous réunis dans le grand
salon pour alterner entre la musique et la danse, et, je te
l'avoue, la danse l'emportait : car, heureusement, la plu-
part des dames qui se trouvaient là avaient, comme moi,
le sens musical dans les jambes et préféraient les airs des
polkas et des mazurkas aux magnifiques chefs-d'œuvre de
Beethoven et d'Haydn. Nous étions donc fort gaies, d'autant que pour servir de cadre à la fête, la soirée d'été la

plus magnifique brillait au ciel et, par les fenêtres ou-
vertes, les douces senteurs des fleurs et du feuillage parfu-
maient l'air et charmaient nos âmes.

Au moment où la veillée touchait à sa fin, M. de La
Costé, mon ennemi intime, entraîna plusieurs de ces messieurs dans le jardin, ce qui nous mit toutes de fort mauvaise humeur contre lui, car nous allions former un co-
tillon, et cette levée de danseurs faisait brèche.

— Eh bien! au lieu de danser, et puisque la beauté de
la soirée convie plus à la rêverie et à la promenade qu'aux
plaisirs bruyants, si nous imitions les déserteurs, Bérengère? me dit ma tante en me prenant doucement le bras;
cela nous rafraîchirait et nous disposerait à une bonne
nuit, j'en suis sûre. N'es-tu pas de mon avis?

J'acceptai au plus vite cette proposition, que je trouvai
charmante: et, bien emmitouflées de nos manteaux et de
nos capuchons, nous voilà bientôt, bras dessus, bras dessous, à nous promener dans le jardin.

La nuit, tu le sais, dispose à la rêverie et au silence:
aussi, après quelques mots échangés, nous étions tombées,
ma tante et moi, dans une méditation profonde, quand
mon nom, prononcé derrière une charmille qui nous séparait des causeurs, vint nous faire tressaillir toutes deux.
Alors, serrant le bras de ma tante avec force, je la suppliai
de s'arrêter; elle y consentit. C'étaient nos déserteurs qui
devisaient entre eux, et M. de La Costé qui alors me parut
tenir le dé de la conversation.

— Oui, j'en conviens, Mⁱˡᵉ Bérengère de Châteauvieux est la plus jolie fille qu'il se puisse voir, disait le traître avec un sourire que je devinai sans le voir, et je comprends votre empressement auprès d'elle; et puis, ce qui ne gâte rien, elle est fort riche!...

En lui entendant prononcer ces dernières paroles, je me sentis froid au cœur; car je compris alors toute la vérité, sans la croire encore pourtant. La vanité est si tenace; puis, hélas! la confiance en soi est si complète!... Mais tout cela se dissipa aussi promptement que la gelée légère sous les premiers rayons du soleil d'avril, quand je vis qu'au lieu d'être blessés de cette observation, qui me parut aussi malveillante pour eux que peu courtoise pour moi, les auditeurs du chevalier s'écrièrent tous en chœur:

— Est-elle donc vraiment aussi riche qu'on nous l'a dit? Vous qui connaissez depuis longtemps sa famille, vous devez être au fait de sa fortune.

Ma bonne tante, sentant mon bras trembler sous le sien, voulut alors m'entraîner; mais je résistai résolûment.

— Elle a d'abord les plus jolis yeux du monde et une taille de déesse, fit le méchant chevalier en ricanant.

— C'est bien de cela qu'il s'agit! interrompit vivement le plus empressé de mes admirateurs. Quelle est la jeune fille qui n'a pas de beaux yeux et une jolie taille?... J'en connais mille qui sont plus charmantes qu'elle; mais on nous a assuré qu'elle avait une fortune superbe, et, ce qui la fait paraître bien plus belle encore... qu'elle était orpheline. — Tout cela est-il bien vrai?... Vous nous rendrez un véritable service si vous voulez bien nous le dire; car nous sommes tous occupés ici à faire la chasse à l'héritière, et nous ne voulons pas brûler notre poudre aux moineaux.

— Tu veux dire à la bécasse, fit en riant un autre de mes courtisans; car notre infante est bien la plus niaise créature qu'on puisse rencontrer. Elle veut faire la coquette, et n'est tout au plus qu'une Agnès évaporée.

— Quelle différence avec la belle Mlle de Chavailles!... Voilà une jolie femme, celle-là! — Quel dommage qu'elle n'ait qu'une faible dot pour soutenir d'aussi beaux yeux!... s'écria un troisième, et ainsi de suite des autres... — Chacun me jeta sa pierre; j'assistai courageusement à cette démolition de mes attraits.

Quand ces messieurs se furent éloignés, ma tante, qui jusque-là avait imité mon silence, me serra tendrement la main.

— Voici une cruelle leçon, ma pauvre Bérengère, me dit-elle doucement; j'en souffre autant que toi, je t'assure; mais, hélas! c'est ainsi que s'acquiert l'expérience. Heureuses les femmes qui ne la payent pas plus chèrement encore! Viens, ma fille, rentrons; un peu de sommeil te rendra ton courage et ta gaieté.

Je suivis ma tante sans mot dire; mais quand je fus dans ma chambre, je me jetai dans ses bras en fondant en larmes et m'écriai avec désespoir :

— Quelle horrible chose que le monde!... je veux le
fuir à jamais... je veux vivre seule avec vous. ou m'enfermer dans un couvent!...

Ma bonne tante laissa passer tout ce torrent de sanglots
et de paroles: puis, quand elle me vit plus calme, elle me
coucha et, s'asseyant auprès de mon lit, elle chercha à me
convaincre que le monde n'était pas aussi terrible que je
le pensais alors.

—En le prenant pour ce qu'il est, et en ne lui demandant pas plus qu'il ne peut donner, le monde, me dit-elle, est
un délassement et un plaisir; mais n'y placez jamais votre
bonheur. mon enfant; car alors vous n'y trouveriez que
déceptions et regrets. Là tout est surface; c'est un échange
d'amabilité, de gracieuses relations et de plaisirs. Mais, je
vous le répète, n'y cherchez rien de plus. sous peine de
poignantes douleurs. C'est dans la famille, c'est au sein
de ses amis que se trouve seulement le bonheur: et je ne
suppose pas, ma bien chère Bérengère, que vous ayez
classé vos élégants danseurs dans les rangs des derniers,
ajouta-t-elle avec un sourire. — Puis, maintenant, fit-elle
en m'embrassant tendrement, chassez tout souvenir et
dormez bien ; ce sera le moyen de trouver à votre lever
toute la philosophie qui vous sera nécessaire pour envi-
sager de sang-froid les hommes qui ont été assez vul-
gaires pour calculer vos écus au lieu de vos attraits.

Et elle me laissa.

Malgré le discours de ma tante, dont je n'ai pu te citer

que quelques passages, je recommençai encore à pleurer;
heureusement cela dura peu, et, la fatigue l'emportant sur
le chagrin, je finis par m'endormir du plus profond sommeil. Le lendemain matin, quand je me réveillai, le ciel
était bleu, les oiseaux faisaient retentir leur joyeux ga-
zouillement dans l'air embaumé par les fleurs; tout semblait me sourire, et je fis comme le reste, car je me pris à
rire, oui, ma chère Thérèse, à rire de tout mon cœur de
ce qui m'avait causé un si grand désespoir la veille. Et,
pour achever ma guérison, j'emmenai ma femme de
chambre et m'en allai jouir un peu, à travers les montagnes, de la belle journée que le ciel semblait avoir en-
voyée pour me consoler de mes ennuis.

A la campagne, tout est distraction : la fleur qui pousse,
la feuille qui tombe, l'oiseau qui vole et la nuée qui passe.
Aussi, après deux heures de promenade, j'avais tellement
oublié mes infortunes, que j'entrai dans la chambre de ma
tante aussi gaie et aussi joyeuse que si rien ne s'était passé.

— Je vois que mon remède a opéré et que la guérison
est complète, me dit-elle en me serrant tendrement entre
ses bras.

— Si complète, ma bonne chère tante, fis-je en lui
rendant ses caresses, que j'en suis arrivée à avoir envers
vous la reconnaissance la plus profonde pour la leçon que
vous m'avez donnée ; car le vilain chevalier n'était, j'en
suis sûre, qu'un compère habile chargé par vous de dé-
masquer mes admirateurs.

— Ah! tu crois cela, Bérengère?... reprit ma tante en
riant à son tour. Eh bien! tu as deviné, mon enfant : ta
coquetterie naissante m'inquiétait, continua-t-elle en reprenant toute sa gravité; je la voyais au moment de détruire le fruit de tous mes efforts, de toutes mes peines,
car la coquetterie, mon enfant, est la plaie, la lèpre du
cœur!... Que faire pour te guérir? Mes paroles eussent été
impuissantes. J'ai voulu t'éclairer par les bouches mêmes
qui avaient répandu le poison: j'ai réussi. Que Dieu
en soit béni, ma fille! car cela t'évitera bien des mal-
heurs.

Après le déjeuner, que nous faisons toujours en famille,
mon oncle demanda une voiture, et nous allâmes visiter
les environs ; puis, le soir, je fis une très-modeste toilette,
et, escortée de ma tante, j'entrai fort résolûment au salon.
Tous mes admirateurs s'élancèrent à ma rencontre: alors
nous échangeâmes un regard avec ma tante : le sien,
comme pour me donner du courage; le mien, pour lui dire
que je n'en avais pas besoin: car je fis à ces messieurs une
légère révérence et j'allai me placer auprès d'une dame
qui a deux très-jolies jeunes filles; mais les pauvres enfants sont fort abandonnées, d'où je conclus qu'elles ne
sont pas riches. Elles parurent d'abord surprises de mon
action : puis, comme je m'attachai à leur plaire, elles ré-
pondirent à mes avances, et avant la fin de la soirée nous
étions presque amies intimes. Ainsi flanquée, tu comprends
que ces messieurs eurent de la peine à faire arriver leur

encens jusqu'à moi; pourtant le plus persévérant obtint une contredanse.

Comme il recommençait à me débiter ses compliments, je l'arrêtai par un éclat de rire; tout surpris, il rougit et me regarde avec embarras.

— Qu'ai-je donc dit de ridicule, mademoiselle, je vous prie? fit-il d'un air assez maladroit

— Rien, monsieur, repris-je plus gravement: seulement, c'est de voir comment les chasseurs à l'héritière débitent ainsi tant de fadaises sans rire.

La foudre fût tombée devant mon pauvre danseur qu'il ne fût pas resté plus saisi qu'il ne le devint en entendant mes paroles, qui étaient justement celles prononcées par lui la veille. Il balbutia, changea de couleur; et je ne sais pas ce qu'il eût pu trouver à me dire, si heureusement, pour finir son cruel martyre, la contredanse ne s'était pas terminée. Il lui fut permis de me reconduire à ma place: et sans doute il prévint ses complices que la mine était éventée, car je ne fus plus invitée de la soirée.

Depuis ce moment, Mlle de Chavailles a repris son sceptre, et je le lui abandonne sans aucun regret, je t'assure, car cela m'a valu le retour d'amitié de toutes ces dames, puis une intimité charmante avec plusieurs jeunes personnes de mon âge que ma coquetterie avait éloignées. Décidément la royauté a bien ses peines, et je préfère mon humilité présente. Aussi je passe ici le temps le plus agréable du monde. Me voyant aussi bien entourée, et surtout

aussi complétement corrigée, ma tante se relâche un peu
de sa sévérité première, et nous faisons des promenades
et des parties les plus divertissantes qu'il soit possible ;
bien entendu. Mme de Chavailles et ces messieurs ne sont
pas des nôtres!... Ils sont sans doute de l'avis de la
duchesse de Longueville. qui prétendait que les plaisirs
innocents n'étaient pas de son goût. Oh! la coquetterie!... la coquetterie!... voilà pourtant comme j'aurais
été sans ma bonne tante. Et Mme de Chavailles est seule
avec son grand-père qui la gâte ; aussi est-elle plus à
plaindre qu'à blâmer.

Adieu, ma Thérèse ; voilà une bien longue lettre, j'espère : réponds-moi vite si tu veux me prouver ton amitié ;
car tu me dois des compliments... tout au moins de
condoléance... Je t'embrasse et je t'aime.

Si nous ne devions pas nous arrêter en Lorraine. dans
le château d'une de mes cousines, je ne t'écrirais plus, ma
chère Thérèse ; car nous nous disposons à quitter demain
ou après les eaux de Saint-Gervais. D'abord ma tante
prétendait qu'elles produisaient sur son rhumatisme l'effet tout contraire à celui qu'elle en attendait. puisqu'au
lieu de le dissiper elles l'augmentent encore : puis une
aventure plus que désagréable. puisqu'elle aurait pu finir
d'une façon tragique. qui vient d'arriver ici. aventure dans

laquelle, bien heureusement, je n'ai joué qu'un rôle de personnage muet, mais où ma tante a donné une leçon sévère et très-méritée à la belle mademoiselle de Chavailles, a mis décidément ce charmant pays assez mal dans son esprit pour que nous soyons forcés d'en déloger au plus vite.

Mon oncle ne fait aucune résistance à ce nouveau projet; et moi, pour qui la locomotion semble une partie intégrante du bonheur en ce monde, je me dispose, avec un plaisir extrême, à aller explorer d'autres contrées.

Mon retour à Paris est donc retardé assez longtemps encore pour qu'une lettre devienne nécessaire à entretenir ton bon souvenir.

Mais aussi, comme je suis sûre que ta curiosité de jeune fille prend le galop pour apprendre au plus vite la terrible histoire qui cause notre départ de céans, je vais te narrer l'aventure. Pourtant, avant d'entrer en matière, il me faut une préface, non pour réclamer l'indulgence du lecteur, la tienne m'étant tout à fait acquise, je le sais, ma bien-aimée Thérèse : moins encore pour louer mon talent de conteur sous l'air le plus modeste, je laisse cela aux grands auteurs : mais pour te rappeler toute la sévérité de mon excellente tante à l'endroit des jeunes personnes qui font ce qu'elle appelle *leurs embarras*, c'est-à-dire qui patronnent les loteries, les concerts, fussent-ils même de bienfaisance, enfin qui commettent ce qu'elle intitule très-spirituellement la charité par effraction.

— Soyez bonne, soyez généreuse, soyez bienfaisante,
ma chère Bérengère, me dit-elle toujours, et faites le bien
sur vos ressources, sur vos privations même ; mais n'allez
jamais colporter les billets que l'on fait prendre aux
hommes. Dans le monde, c'est du plus **mauvais goût** pour
une jeune fille : laissez cela aux maîtresses de maison, qui
font ainsi payer à leurs habitués l'hospitalité élégante
qu'elles leur offrent, etc.

Je n'ai pas besoin, n'est-ce pas, de te répéter tous les
conseils que ma tante me donne sur ce sujet : car, maintenant que je t'ai mise sur la trace, tu te les rappelles, j'en
suis certaine. Ceci dit et parfaitement compris, revenons
à notre aventure.

Depuis quelque temps, nos élégantes du salon de Saint-
Gervais avaient imaginé d'organiser une loterie au profit
des pauvres de l'endroit : et, comme tu le devines sans
doute, M⁣ de Chavailles en avait pris la présidence. C'é-
tait une occasion pour chacune de ces dames de montrer
leur adresse ou leur richesse : et l'aiguille de marcher sur
les plus jolis ouvrage du monde. — Pour mon compte, j'ai
fait une petite ménagère, et ma tante une bourse délicieuse. — Le grand jour de la distribution des billets arriva enfin : et ce fut encore M⁣ de Chavailles qui se chargea
de les offrir à tous nos danseurs et chanteurs accoutumés.

Or il faut que tu saches qu'entre autres perfections
M⁣ de Chavailles pousse au plus haut degré la fierté aristocratique. Je ne sais pas de quelle race date le blason de

ses aïeux, mais je t'assure qu'elle possède autant de superbe orgueil que pourrait en avoir un Mérovingien ressuscité. Ses saluts, ses amabilités, ses prévenances, sont montés suivant les quartiers des gens à qui elle parle ; et ceux qui ne sont rien ou fort peu de chose font descendre son baromètre au-dessous de zéro. Heureusement qu'ici nos habitués portent tous des titres ; ma tante prétend que c'est l'usage aux eaux... Mais je m'éloigne de mon sujet, revenons-y donc au plus vite.

Depuis quelques jours, le parfum aristocratique de nos salons avait été fort compromis par l'arrivée inattendue d'un jeune homme, me paraissant un fort bon garçon ; mais, pour ses péchés, aussi roturier qu'il se puisse rencontrer au monde. Aussi le malheureux était-il devenu le point de mire des plaisanteries les plus acérées de nos élégants et de nos merveilleuses ; et, M̶ de Chavailles en tête, chacun lui déversait à grands flots le torrent de ses mépris. Il faut en excepter deux ou trois jeunes dames qui me semblent aussi bonnes qu'aimables, et qui pourtant sont de très-grandes dames, dit-on, et y joindre ma tante ainsi que ta très-humble servante : car ma tante me répète sans cesse que la véritable aristocratie doit toujours être simple et modeste.

— Les parvenus seuls sont arrogants, dit-elle, et cela parce qu'ils ont peur qu'on ne les replace à leur rang; tandis que la vraie noblesse n'a rien à craindre...

Donc le pauvre M. Gros-Jean était fort malheureux

8

ici. Aussi peut-on s'appeler Gros-Jean et venir prendre les eaux !... Comme si cela vous était permis !... Il était exclu de toutes les promenades, cavalcades ou autres plaisirs, puisque c'étaient nos merveilleuses qui les organisaient et les composaient; mais, le soir, il se croyait autorisé à venir au salon comme les autres, et il usait chaque jour de son droit. Il y était donc le jour de la distribution des billets pour la loterie susdite.

Après que tous les habitués furent arrivés, M⁰ᵉ de Chavailles se lève, prend les billets, placés sur la cheminée, et, avec l'air d'une reine qui distribue ses faveurs, elle en présente à chacun de ces messieurs. Les billets étaient de cinq francs. Quand elle s'approcha de l'endroit où était placé M. Gros-Jean, celui-ci sortit dix francs de sa poche : mais, sans daigner le regarder, notre aristocrate passa fièrement devant lui.

— Vous m'avez oublié, mademoiselle, lui dit-il avec embarras : mais je tiens à payer mon droit à vos pauvres.

Et il lui offrit son argent.

— Je n'ai pas de billets pour vous, monsieur, fit l'arrogante fille sans même détourner la tête : et elle continua sa route.

Te dire l'air d'indignation, d'embarras et de fureur qui tout à la fois se peignirent sur la figure du pauvre insulté serait une chose impossible : et, comme le tigre blessé, il semblait chercher autour de lui sur qui il pourrait déverser sa rage : quand ma tante se leva avec ce grand air qui n'appartient qu'à elle, et, s'approchant de M. Gros-Jean, elle lui dit assez haut pour être entendue de toutes les personnes réunies dans le salon :

— Voici mes billets, monsieur : voulez-vous faire à nos pauvres l'honneur de les accepter?

Le brave homme éprouva alors un mouvement de reconnaissance qui me toucha jusqu'au fond de l'âme.

— Merci, madame la marquise, merci! fit-il d'une voix émue : Dieu vous rendra en bienfaits les bénédictions que les malheureux doivent vous adresser chaque jour.

Et tirant de sa poche un billet de cent francs, il le mit dans la main de ma tante, salua et sortit du salon, laissant tout le monde fort surpris et de la leçon que mon excellente tante avait donnée à la jeune insolente, et de la générosité de celui qu'elle avait insulté : les rieurs ne furent pas de son côté, je t'assure !

Je ne sais pas trop bien ce qui arriva le lendemain : aussi je ne peux te le raconter que d'une façon fort incertaine. Voilà : il paraît que M. Gros-Jean avait tenu un propos plus que léger sur M... de Chavailles : qu'un de ses empressés se crut obligé de prendre fait et cause pour elle : qu'un duel faillit s'ensuivre, mais qu'il fut heureusement empêché par des gens plus sensés qui se mirent à la traverse. Pourtant les choses allèrent si loin que M... de Chavailles se trouva assez compromise pour se voir obligée de quitter Saint-Gervais au plus vite.

Tout cela, tu le comprends, jeta du trouble, de l'ennui

et, par suite, la discorde dans la société ; et ma tante fut fort bien inspirée de vouloir changer de régime.

De tout ceci, il résulte pour moi, ma chère Thérèse, que rien ne vaut l'expérience d'une femme bonne, aimable et distinguée ; et que le ciel a daigné m'accorder une grande faveur en me donnant une seconde mère, afin de réparer, autant qu'un aussi affreux malheur peut être réparable, la perte de celle à qui Dieu donne, avec son enfant, le cœur d'un ange, l'amour d'une mère et l'expérience de l'âge mûr pour qu'elle puisse nous guider à travers les écueils de ce monde et nous consoler des douleurs de la vie.

Adieu, Thérèse ; à bientôt pour te revoir, à toujours pour t'aimer !

ÉGOÏSME ET DÉVOUEMENT

LE DANGER DE L'IMAGINATION

— Comment, vous aussi, vous pensez, ma chère Mina,
que cette maxime est véritable : *L'imagination est la folle
du logis ?...* s'écria la gentille Edith Hamersley en frappant
ses deux petites mains l'une contre l'autre avec impatience.
En vérité, il ne vous manque que le bonnet à longue barbe,
les lunettes vertes et les grands pieds de mistress Kagerlov
pour lui ressembler au moral comme au physique.

Mina se mit à rire au lieu de répondre à la boutade de
sa jeune amie; puis reprenant peu à peu toute son impas-
sibilité :

— Eh mon Dieu! oui, Édith, dit-elle doucement, je
pense que vous seriez parfaite, si vous mettiez plus de frein
à votre imagination vagabonde et si vous vouliez voir la
vie et le monde tels qu'ils sont réellement, au lieu de les
dessiner à travers un prisme si brillant et si beau que la
moindre déception vous sera toujours bien cruelle ! Et
puisque vous me comparez avec tant de courtoisie à mistress Kagerlow, j'ajouterai, continua-t-elle en reprenant

son aimable et doux sourire, que vous avez tort, mais bien
réellement tort, de choisir vos lectures parmi les livres fu-
tiles qui tout au moins vous gâtent l'esprit, s'ils ne vous
corrompent pas le cœur; tandis que de bons ouvrages élèvent l'un et purifient l'autre... Me voici dans mon rôle,
j'espère, et vous faites fort bien de ne pas me répondre,
ajouta-t-elle encore, car alors je vous dirais...

— Eh bien! dites-moi, Mina, tout ce que vous voudrez,
et je vous écouterai avec patience, interrompit vivement
Édith en reprenant son ouvrage d'un petit air boudeur:
n'êtes-vous pas chez vous?... et si vous ennuyez vos hôtes,
n'avez-vous pas le droit d'exercer l'hospitalité tout à fait
suivant votre bon plaisir.

— Allons! allons! ne vous fâchez pas, chère Édith, fit
la douce Mina en jetant vivement son ouvrage sur la table
pour aller embrasser son amie, et infligez-moi telle péni-
tence que vous voudrez pour me punir de mon humeur
grondeuse.

— Est-ce bien vrai, Mina, que vous obéirez, non à
mon ordre, mais à ma prière? s'écria Édith dont les yeux
brillaient du plus vif éclat.

— Certainement, oui, j'obéirai à votre volonté, dit
Mina moitié riante, moitié surprise, et cela avec le plus
grand plaisir, si, si...

— Oh! pas de si... pas de si... de grâce! fit de nouveau Édith en mettant vivement sa petite main blanche
sur la bouche rose de son amie. J'ai votre parole, et je

vous somme de la remplir, chère Mina : ainsi demain, au lever du soleil, vous viendrez avec moi chez la vieille Elspeath.

— Chez la vieille Elspeath!... y songez-vous!... Fi, Édith!... fi, ma chère!... s'exclama Mina avec un mécontentement véritable.

Édith se sentit un moment embarrassée; mais, connaissant tout son ascendant sur sa douce et charmante amie, elle reprit promptement tout son courage et se mit à dire en souriant :

— Eh bien! quel grand mal trouvez-vous, je vous prie, à la charmante promenade que je vous propose?... Nous saluerons le sublime lever du soleil dans nos magnifiques montagnes et nous porterons notre aumône à une pauvre vieille femme privée de toutes ressources dans le monde.

— Vous avez, en vérité, une façon de montrer le beau côté des choses, ma bien chère Édith, qui vous donne presque raison quand vous avez tort, reprit Mina en souriant malgré elle; et qui nous entendrait me prendrait pour la fille la plus sotte du globe, de m'opposer et à une bonne œuvre envers une infortunée et à une prière de reconnaissance envers notre Créateur; car je défie bien de deviner sous votre langue dorée la pensée qui la guide. Mais moi qui vous connais comme on connaît son cœur, je ne sais que trop que vous ne voulez faire une visite si matinale à la veuve de Mac-Clamor que pour lui demander de vous dire ce que l'avenir vous réserve. C'est pour cela que je vous blâme sévèrement et que je refuse de vous conduire.

— Ce sera tout à fait comme vous voudrez, ma très-chère, fit Édith en reprenant sa petite mine boudeuse; mais cela ne m'empêchera pas de satisfaire mon vif désir, et j'irai toute seule...

— Vous n'irez pas, Édith... interrompit vivement la jeune fille; dites-moi que vous n'irez pas, je vous en conjure...

— Je vous ai dit que j'irais, et j'irai... fit résolûment Édith en sentant faiblir sous la sienne la volonté de son amie: n'en parlons donc plus et pardonnez-moi mon indiscrète prière...

Pendant quelques instants, un silence profond régna entre les deux amies qui, ayant repris chacune son ouvrage, semblaient y mettre l'application la plus sérieuse.

Tout à coup ce fut Mina qui l'interrompit.

— Comment! vous avez la faiblesse de croire, dit-elle, que la vieille Elspeath saura vous dire ce que l'avenir vous réserve? Vous êtes folle, en vérité!...

Édith leva légèrement les épaules.

— Que voulez-vous, Mina, fit-elle doucement, l'imagination est aussi l'amie de l'avenir, et vous me reprochez sans cesse mon imagination. Il faut être toujours logique, même avec les défauts de ses amis. Oui, je crois, ajouta-

t-elle avec plus de gravité, que la vieille Elspeath, qui vit
toujours parmi les simples et les fleurs, en sait plus long
que nous sur les choses de ce monde, car les herbes et les
fleurs, n'ayant pas fait de mal comme en ont fait les
hommes, sont plus dignes que nous que Dieu leur parle.
A cause de leur innocence, elles savent beaucoup, et,
comme je vous le répète, la veuve de Mac-Clamor passe
sa vie au milieu d'elles : elles ont certainement fini par
lui dire quelques-uns de leurs secrets.

— Eh bien ! voilà une définition des plus poétiques
ou je ne m'y connais pas, fit en riant la douce Mina, et
pour que vous ne soyez plus fâchée contre moi et surtout
pour vous prouver que la vieille Elspeath est aussi simple
que ses fleurs, je vous accompagnerai demain matin dans
la visite que vous projetez de lui faire.

En entendant ces paroles, Édith sauta avec joie au cou
de son amie, et, pour détourner son esprit d'une réflexion
qui pouvait lui faire reprendre cette promesse, elle l'entraîna rapidement dans le parc avec elle.

Rien n'était plus complètement opposé et ne formait
un plus charmant contraste que nos deux jeunes héroïnes.
L'une, Édith, grande, svelte, brune, à l'œil noir, brillant
et doux tout à la fois, aux joues couvertes de la fraîcheur
et du fin duvet d'une pêche, gaie, aimable, affectueuse et
bonne, pouvait se laisser entraîner parfois à la vivacité de
son imagination, mais elle cédait toujours à la générosité de son cœur.

13

L'autre. Mina. petite et mignonne. était tout ce qu'il y a de plus gracieux en ce monde. Ses grands yeux bleus révélaient l'intelligence et la douceur; ses cheveux blonds comme l'or pâle étaient semés sur sa tête en telle profusion que son cou semblait trop délicat pour les porter; ses traits avaient une pureté admirable; mais ce qui dominait surtout en elle, c'était l'innocence et la gaieté. Rien de frais et de vivant comme son doux visage où se lisaient. comme dans un rire ouvert. toutes les sérénités d'une âme chaste et sainte; enfin son regard était pur comme l'eau de source et laissait voir au fond un cœur charmant et solide. En un mot. beauté et bonté composaient cette nature d'élite.

Une triste similitude avait. dès leur plus tendre enfance. uni ces deux enfants. Leurs pères, anciens camarades du collége de Cambridge. avaient eu le malheur de perdre tous deux leurs jeunes et charmantes compagnes, lorsque leurs filles virent le jour. Tous deux souffrirent et pleurèrent ensemble; mais chacun prit une route différente dans la vie. L'un, le père d'Édith. chercha le bonheur et la fortune dans la carrière aventureuse des marins. tandis que sir Franc Johnston, père de Mina, ayant élevé de vastes usines dans les environs d'Édimbourg. où il possédait d'immenses propriétés. devint un des plus riches industriels de toute l'Écosse.

Sir Édouard Hamersley eut autant de succès sur mer que son ami en avait dans son pays; car. en peu d'années, il prit rang parmi les officiers les plus distingués de la marine anglaise.

Mais, passant les trois quarts de sa vie dans des courses aventureuses sur le plus terrible des éléments, il avait dû confier son enfant bien-aimé, sa petite Édith, aux bons soins de sir Franc Johnston, qui l'avait fait élever avec sa fille, sa douce Mina. Ainsi, à l'exception de quelques rares voyages, car lorsque sir Hamersley prenait terre il emmenait son enfant, afin de l'avoir entièrement à lui pendant le trop court séjour qu'il devait faire auprès d'elle : à l'exception, disons-nous, de ces laps de temps trop courts semés dans sa vie, Édith n'avait jamais quitté Mina, qui était devenue pour elle plus qu'une amie, une sœur bien chère. Pourtant, ainsi que nos lectrices ont dû le remarquer dans la légère discussion qui ouvre ce récit, jamais caractères plus dissemblables n'avaient pu se rencontrer. Mais revenons à notre histoire.

La journée s'acheva d'une manière des plus agréables, car Édith, enchantée de la victoire qu'elle avait remportée sur sa trop faible amie, se montra douce, aimable et prévenante non-seulement pour Mina, mais sa charmante humeur profita même à quelques voisins de campagne que sir Johnston avait engagés à dîner et à prendre le thé avec eux. Elle se mit au piano pour faire danser les petites filles, chanta pour amuser les mamans, dressa les parties de whist pour les gens plus sérieux, enfin fut d'un entrain, d'une gaieté qui se refléta sur tout le monde, excepté pourtant sur la pauvre Mina, que sa promesse imprudente préoccupait et inquiétait sourdement.

Edith, ayant sinon deviné, tout au moins pressenti la douloureuse pensée de son amie, évita de se trouver seule avec elle, et aussitôt que les étrangers furent partis elle se retira promptement dans sa chambre, prétextant la plus violente envie de dormir. Mais à peine l'aurore eut-elle doré les riches monts des alentours que, fraîche et alerte, elle se présenta dans la jolie petite chambrette de Mina, qu'elle crut encore surprendre dans son sommeil, et resta tout étonnée en voyant que, comme elle, sa charmante compagne était disposée à partir. Sans doute le radieux soleil qui rayonnait au ciel avait chassé les impressions fâcheuses de la veille, car ce fut le sourire sur les lèvres et la joie dans le regard qu'elle accueillit son amie.

Rien n'était aussi plus merveilleusement beau que le paysage qui, à travers la fenêtre ouverte, se déroulait comme un panorama magique sous le regard enchanté. Un orage violent qui avait duré pendant quelques heures de la nuit avait balayé jusqu'au dernier nuage, et la voûte du ciel était tout entière de ce bleu calme et profond qui semble le regard de Dieu. Les plantes renouvelées et fertilisées par la pluie embaumaient l'air des plus douces odeurs : les moineaux, les fauvettes et les chardonnerets, célébrant leur joie d'avoir échappé à la tempête, faisaient de chaque branche un orchestre, et les gouttes de pluies que le soleil allu-

mait pour les sécher faisaient de chaque brin d'herbe une
grappe d'émeraudes.

Toutes deux légèrement vêtues, mais entourées du pittoresque plaid écossais, un grand chapeau de paille sur la
tête et un petit panier au bras, panier renfermant les dons
qu'elles comptaient offrir à Elspeath, nos jeunes amies se
mirent en route, gazouillant avec autant de gentillesse que
les oiseaux cachés dans les buissons en fleurs; mais peu à
peu leur gaieté s'apaisa et la méditation et le silence rem-
placèrent la joyeuse causerie qui avait charmé les débuts du
voyage. C'est que le paysage était bien changé aussi !... et
comme l'imagination s'impressionne toujours de ce qui se
déroule sous ses yeux, leur esprit se ressentait des beautés
graves et sévères que la nature avait répandues sur leur
route. Ainsi, après avoir suivi durant quelque temps le cours
écumeux et rapide de l'Arve, elles contemplèrent avec une
admiration mêlée d'effroi les énormes quartiers de roc qui
semblaient artificiellement suspendus sur leurs têtes, et les
précipices et les bois qu'elles avaient à leurs pieds. Jamais
nos deux amies ne s'étaient ainsi aventurées dans cette
partie sauvage de la campagne, et Mina sentit un regret aussi
profond qu'un remords d'avoir cédé avec autant de légèreté
à la fantaisie imprudente d' on amie; mais le mal était
fait, ou du moins elle ne se sentait pas assez de force pour
le réparer en exigeant qu'Édith retournât avec elle au
cottage de son père.

La route fut longue et pénible, et ce fut brisées de fati-

gue que nos deux héroïnes arrivèrent enfin auprès d'un
chêne immense qui s'élevait majestueusement tout au bord
de la rivière et étendait son feuillage large et touffu de
l'une à l'autre rive.

— Nous devons être arrivées, dit Édith en jetant autour
d'elle un regard d'inquiétude et de surprise, et pourtant je
ne vois pas le moindre vestige de logement; je ne me suis
pourtant pas trompée, j'espère, ajouta-t-elle en balbutiant,
et j'ai suivi, j'en suis sûre, l'itinéraire que m'a tracé Bekée.

Pendant le discours d'Édith, Mina s'était assise sur un
morceau de roc, et, malgré qu'elle en eût, elle sentait son
cœur tressaillir d'aise de la déconvenue de sa pauvre compagne, comme si elle eût pressenti que la présence d'Elspeath pouvait entraîner pour elle un malheur, quand tout
à coup les cris de triomphe d'Édith vinrent lui faire comprendre que son espérance était vaine.

— Venez, Mina, venez, ma chère! s'écriait la folle jeune
fille qui s'était penchée sur un quartier de rocher comme
une chèvre légère; voilà le château de notre enchanteresse,
nous n'en sommes qu'à deux pas: voyez, là, au bout de
mon doigt, et dites-moi si je n'ai pas raison?

Et Mina, suivant des yeux la direction qui lui était
donnée par son amie, aperçut avec surprise, au milieu
d'énormes blocs de pierres, débris informes de la montagne, une petite cabane de la plus chétive apparence. Elle
était construite en gazon et avait à peine quatre pieds de
hauteur; mais rien n'annonçait qu'elle fût habitée, car le

terrain qui l'environnait était demeuré sauvage et couvert
de ronces, et pour tout être vivant on ne voyait qu'un
chevreuil qui broutait le gazon, tandis que sa mère pais-
sait à quelque distance entre le chêne et la rivière.

— Vous êtes folle, Édith ; oui, folle, en vérité, fit Mina
en grimpant à son tour, de croire que la vieille Elspeath
habite ce trou informe, et, à moins que votre sorcière ne
soit la reine de Lilliput, je la défie d'entrer dans ce que
vous appelez un château...

Mais elle fut tout à coup interrompue par Édith, qui,
pâle et tremblante, lui saisit vivement le bras en lui montrant à quelques pas loin d'elles un objet bien propre à
inspirer la terreur. C'était une femme vieille et décharnée,
couverte d'un large manteau noir, qui, les mains croisées
et la tête tristement penchée sur sa poitrine, était assise
derrière le chêne. Nos deux amies la contemplèrent avec
une espèce de crainte superstitieuse dont elles ne purent
se défendre.

Elspeath, car c'était elle, avait une taille au-dessus de
l'ordinaire : ses cheveux, qui commençaient à grisonner,
étaient encore touffus et avaient dû être d'un beau noir,
mais ils tombaient d'une manière informe autour de son
visage pâle et ridé, et ses yeux brillaient d'un éclat
sinistre et sauvage qui contrastait avec l'air froid et impas-
sible de sa physionomie et dévoilaient hautement une âme
forte et une imagination ardente et déréglée.

Tout à coup elle leva la tête, et apercevant Édith et

Mina qui, les yeux fixes et la bouche béante, étaient restées comme frappées de la foudre, elle fit un geste impérieux pour leur ordonner de venir à elle. Édith seule obéit, tandis que Mina, ayant rappelé son sang-froid et son courage, s'assit résolûment à quelques pas loin d'elle comme pour lui faire comprendre qu'elle ne venait rien lui demander.

Elspeath parut vivement blessée de cette indifférence apparente ; mais sa physionomie seule put faire connaître cette impression, car elle continua à garder le plus profond silence.

Pendant ce temps, Édith s'était approchée de la veuve de Mac-Clamor et, lui offrant le contenu des deux paniers, car elle s'était emparée de celui de Mina, elle lui dit en s'efforçant de sourire d'une façon intime et familière :

— Eh ! bonjour, bonne Elspeath ! comment vous portez-vous ce matin ?... Très-bien, j'en suis certaine, car par ce beau soleil la maladie s'envole... Tenez, voilà du wisky pour remettre vos forces, voilà des fruits et des galettes...

— A quoi servent toutes ces paroles qui cachent la pensée ? s'écria la vieille Écossaise d'une voix si retentissante qu'elle interrompit aussitôt la pauvre Édith et la laissa tremblante et glacée devant elle. Vous ne vous souciez pas plus de ma santé que de celle du lièvre qui court nos forêts, et vos fruits et vos présents sont le prix que vous offrez à ma science. Déposez donc devant moi vos paniers et donnez-moi votre main en gardant le silence.

Cette dernière recommandation était inutile, car Édith

eût été incapable d'articuler un seul mot. Elle obéit donc
en frissonnant, et tout son sang reflua vers son cœur, quand
elle sentit sa petite main douce et moite emprisonnée dans
la main glacée et cadavéreuse de la veuve de Mac-Clamor.

Elspeath sembla en étudier les lignes avec une vive attention, puis relevant vivement la tête :

— L'avenir ne vous apportera que du bonheur, dit-elle
avec un sourire amer, comme si elle eût été douloureusement affectée de promettre de la joie et du bonheur,
elle qui en avait toujours été privée : avant huit jours,
vous reverrez votre père qui revient d'un très-long voyage,
et avant un mois vous rencontrerez, dans une partie de
campagne, l'homme que vous devez épouser. Allez en
paix, fit-elle en lâchant la main qu'elle tenait encore ; mais
le jour de votre mariage n'oubliez pas la vieille Elspeath
dans vos générosités, car sans cela la vieille Elspeath se
vengerait et changerait vos fleurs de fête en fleurs de
deuil.

Édith, enchantée de l'avenir aussi prochain qu'heureux
qui lui était prédit, fit à Elspeath les promesses les plus
brillantes, et comme elle se disposait à la quitter et appelait Mina pour la suivre, la vieille Elspeath se leva et se
plaçant devant Mina à qui elle interceptait ainsi le passage :

— Vous méprisez ma science, imprudente enfant ! dit-
elle en jetant sur la jeune fille un regard de fureur et de
haine : eh bien ! je veux vous en prouver la puissance. Trem-

blez, car vous mourrez la nuit de Noël, au moment où
l'horloge tintera l'heure lugubre de minuit.

Et, en achevant ces affreuses paroles, la veuve de
Mac Clamor bondit comme une lionne sauvage et dis-
parut derrière le rocher.

— Oh! pardonnez-moi, chère, bien chère Mina, de
vous avoir conduite ici! s'écria la pauvre Édith en se jetant tout en larmes au cou de son amie; mais Mina la
repoussa doucement.

— Calmez-vous, Édith, je vous en conjure, fit-elle, et
croyez-moi, j'ai trop de raison pour me laisser impression-
ner par les méchantes paroles d'une folle qui a voulu me
punir de douter de sa science. Je suis fâchée de vous ôter
vos illusions, ajouta-t-elle en riant, mais je vous conseille de
ne vous préoccuper encore ni de votre toilette de mariée
ni de mon voile funèbre : nos destinées sont dans les mains
de Dieu et personne ne peut les connaître ici-bas.

Le reste de la journée se ressentit et de la fatigue et de
la préoccupation des deux jeunes filles : mais, quand le
lendemain eut apporté le repos, l'impression produite par
les lugubres paroles de la vieille Écossaise s'envola avec
les ombres de la nuit, et elles reprirent leur vie insouciante
et heureuse comme par le passé, plaisantant même sur
les propos qui avaient tant affecté Édith.

La semaine entière s'était à peu près écoulée depuis
leur visite chez la sorcière, et nos amies, se trouvant seules
dans le petit salon de travail par une superbe soirée, devi-

saient joyeusement en respirant l'air pur et suave qui leur arrivait des montagnes.

— Avouez, Édith, fit tout à coup Mina en laissant glisser un sourire moqueur sur ses lèvres rosées, avouez que votre méchante Elspeath est une triste devineresse, car c'est demain matin que doit expirer le délai qu'elle avait fixé pour le retour de votre père, et à moins qu'il n'arrive cette nuit, ce que je déclare impossible, puisque nous n'avons reçu de lui aucun avertissement, j'espère que vous vous rangerez à mon opinion sur le compte de la veuve de Mac-Clamor.

Mina parlait encore quand la porte du salon fut vivement ouverte pour donner entrée à sir Johnston tenant affectueusement un étranger par la main.

— Tenez, chère Édith, dit-il gaiement, voilà un gentleman qui brûle du désir de vous embrasser; ne le lui voulez-vous pas permettre?

Et comme les domestiques avaient suivi leur maître en portant des flambeaux allumés, Édith, poussant un cri joyeux, se jeta tendrement dans les bras de sir Hemersley, qui la couvrit de baisers et de larmes.

— Ma fille, ma bien chère enfant, disait-il avec émotion, que j'éprouve de bonheur à te voir! il y a si longtemps que nous nous sommes quittés!... Que tu es belle!... que tu es grande!... que mon cœur est joyeux de te retrouver ainsi!...

Et l'heureux père n'interrompit ses éloges que pour redoubler ses caresses.

Devant cette scène touchante, sir Johnston, ému jusqu'aux larmes, partageait la joie de son ami, tandis que la
pauvre Mina s'était sentie atteinte au fond du cœur, non
par l'envie, la douce enfant en était incapable; d'ailleurs
n'avait-elle pas aussi un père tendre et adoré? mais par la
crainte, car si la prédiction de l'Écossaise se réalisait pour
son amie, ne pouvait-elle pas se trouver pour elle tout
aussi véritable? et la vie est si belle à dix-huit ans!...

Pourtant, comme Mina avait un grand fonds de courage
et de raison, elle les appela promptement à son aide, et
peu à peu elle en arriva à partager sincèrement le bonheur
de son amie : mais, hélas! le coup était porté, et la plaie
vive qui s'était ouverte en son âme n'était que cicatrisée
pour l'instant.

Heureusement la venue de sir Hamersley entraîna avec
elle un mouvement qui sortit forcément Mina de ses pensées lugubres. Tous les jours, c'étaient de longues promenades à travers les montagnes ou en canot sur le lac,
puis de joyeuses cavalcades, des fêtes dans les environs
qui entraînaient et égayaient Mina et éloignaient ainsi
tout souvenir fâcheux. Mais, hélas! ce repos d'esprit fut
de courte durée, car, ainsi que l'avait dit Elspeath, Édith
rencontra dans une partie de campagne faite avec des amis
de sir Johnston un jeune marin que son père avait connu
dans l'Inde et qui renouvela connaissance avec lui; le baronnet Édouard Leslie, présenté à nos gentilles héroïnes,
fut accueilli très-favorablement par sir Johnston, et fort

peu de temps s'était écoulé quand il demanda Édith en
mariage à son père; alors la malheureuse Mina se sentit
condamnée à mort! mais dévouée et généreuse, comme
elle l'était toujours, elle cacha sous le sourire et la joie la
douleur qui lui dévorait l'âme.

Le bonheur rend égoïste. Édith aussi s'était d'abord
préoccupée tristement de la coïncidence bizarre qui se
rencontrait entre les événements et la prédiction d'Elspeath, en songeant à celle qui devait frapper son amie:
mais, voyant Mina toujours calme et souriante, elle chassa
cette pensée de son esprit.

— Bah! se dit-elle. Elspeath a voulu seulement effrayer
Mina et sa prédiction n'était pas sérieuse; ainsi elle ne
peut pas être vraie! Et, rassurée par ce raisonnement, elle
se livra complétement à la joie. Puis aussitôt après son
mariage, ayant tendrement embrassé son amie et lui promettant de revenir bientôt la rejoindre, l'insouciante
Édith suivit son mari sur le continent, voyage dans lequel
son père voulut aussi l'accompagner.

Restée alors seule et livrée entièrement à elle-même,
la pauvre Mina, qui jusque-là avait su vaincre sa tristesse,
tomba dans le découragement et le marasme. Vous savez
déjà, sans doute, mes aimables lectrices, combien les premiers moments de solitude qui suivent une existence animée par le plaisir et entourée par des amies paraissent
vides et déserts, et vous comprendrez facilement alors
l'ennui qui, malgré ses efforts, vint envahir le cœur de

notre héroïne et donner une force puissante à la pensée cruelle qui s'y était peu à peu imposée en souveraine; d'autant que, pour l'isoler davantage encore, son père avait été obligé 'ui-même de faire un assez long voyage nécessité par les affaires de ses immenses fabriques.

Souvent. pendant de longues heures, elle restait plongée dans un vaste fauteuil. les mains jointes sur la poitrine, les yeux levés vers le ciel, sans oser penser, sans pouvoir prier. tant elle se sentait faible et inerte; et d'autres fois, surexcitée par une fièvre nerveuse. elle courait dans le parc. les cheveux au vent. le front mouillé de sueur, espérant vaincre par la fatigue le souvenir terrible qui, ainsi qu'un serpent. lui étreignait le cœur dans ses replis mortels. Mais, vœux superflus, espérance vaine! chaque jour, au contraire, aggravait le mal et rendait la cure plus difficile encore! Aussi quand, après une séparation de deux mois à peine, sir Johnston arriva, il fut cruellement frappé du changement qui s'était opéré dans sa fille. Ses joues pâlies, ses yeux éteints, sa taille amincie encore et sans plus de force qu'un roseau battu par les vents, ne la rendaient plus que l'ombre d'elle-même.

— O Mina, chère Mina! qu'avez-vous?... d'où souffrez-vous?... demandait l'infortuné en pressant tendrement sa fille contre son cœur et laissant, malgré lui, échapper ses larmes. — Puis tout à coup souriant à travers ses sanglots, comme pour ne pas effrayer sa chère malade : — C'est l'ennui seul qui vous a changée. j'en suis sûr. ajoutait-il:

et vous regrettez Édith!... Eh bien, nous allons nous
mettre à sa recherche, nous allons la suivre sur le continent; vous verrez Paris et ses merveilles, et vous re-
prendrez alors les roses de vos joues et la gaieté de votre
charmant regard.

En entendant ces douces paroles, Mina souriait aussi à
son père, n'osant pas détruire son espérance en lui disant
que ni son amour ni ses soins ne pouvaient lui ramener
la santé, lui prolonger les jours; car elle était condamnée
à mourir avant que l'année eût entièrement terminé son
cours.

Les préparatifs du départ furent bientôt faits, et, peu
de jours après son retour, sir Johnston emmenait sa chère
malade pour retrouver la santé sous le doux climat de
France. Les premiers jours parurent lui donner raison et
lui rendirent tout espoir: car Mina semblait revenir à la
vie. La diversité des objets nouveaux qui attiraient ses
regards diminuait la pensée terrible qui dominait tout son
être : mais, à mesure que l'on avança dans la saison, elle
se replongea dans le marasme et tomba enfin si gravement malade, que les médecins n'osèrent plus cacher au
malheureux père le danger de son enfant.

Le désespoir de sir Johnston fut déchirant en apprenant cette fatale nouvelle: car il éloignait avec horreur
de son esprit toute lueur qui pouvait l'éclairer sur la position de sa fille, se sentant sans force, sans courage, contre
une douleur aussi cruelle!

Mina s'aperçut facilement à l'abattement et au sombre désespoir dont tout l'être de son père était empreint qu'il était instruit enfin de la triste vérité sur son compte; alors elle lui demanda de retourner dans sa chère Écosse, ne voulant pas mourir, disait-elle, sans avoir revu le lieu de son enfance, le pays où s'était écoulée sa jeunesse si heureuse.

Sir Johnston n'osa pas refuser de satisfaire ce qu'il croyait le dernier vœu de sa fille; et, par une froide journée des derniers jours d'automne, quittant la Touraine, où ils s'étaient établis depuis quelque temps, la pauvre Mina et son malheureux père partirent pour leur joli cottage des environs d'Édimbourg.

Que leur retour fut triste dans ces lieux bien-aimés! Les arbres étaient dépouillés de leurs dernières feuilles; les oiseaux, mourants de froid et de faim, avaient déserté ces campagnes inhospitalières pour chercher un abri plus propice; la neige couvrait la terre de son blanc linceul, et l'isolement et la tristesse habitaient seuls cette demeure naguère encore si animée et si joyeuse.

La position de Mina sembla s'aggraver encore de l'impression douloureuse qu'elle ressentit en rentrant dans cette maison qu'elle appelait de tous ses vœux, croyant la retrouver toujours fraîche et coquette comme elle l'avait laissée, et le jour même une fièvre violente l'obligea de se mettre au lit, — pour ne plus le quitter, pensait-elle; car le mois de décembre venait de commencer, et la prédiction fatale ne lui avait-elle pas appris qu'elle devait finir avant lui !

Sir Johnston, à peine de retour en Écosse. appela auprès de sa chère malade tous les médecins les plus célèbres des Royaumes-Unis; le malheureux père ne voulait pas abandonner tout espoir. Mais, hélas! leurs prévisions furent aussi cruelles que celles de leurs confrères de France; et ils s'éloignèrent en déclarant que tout espoir était perdu. La jeunesse. la nature... disaient-ils. pouvaient seules opérer un miracle. Mais ces paroles elles-mêmes, qu'ils croyaient consolantes. augmentaient encore la douleur de l'infortuné père. qui voyait mourir sans pouvoir la sauver son unique enfant. son seul amour dans ce monde.

On était enfin arrivé aux derniers jours de décembre, et Mina commençait à dépérir presque totalement, tandis que sir Johnston, sans force, sans courage, passait les longues journées et les nuits plus longues encore assis auprès de son lit de douleur, tenant une de ses mains dans les siennes, comme s'il n'eût pas voulu perdre loin d'elle une des dernières minutes qui lui restaient encore à la conserver. Les occupations. les affaires, rien ne pouvait le distraire ni l'éloigner de la place qu'il avait prise. Que lui importait l'argent, la considération. le monde entier lui-même? tout cela valait-il un sourire. une caresse de son enfant?

Le matin du 24 décembre, un bruit inaccoutumé se fit

entendre dans cette maison devenue si morne et si lugubre, et la porte de la chambre de la mourante s'étant ouverte avec violence, une jeune femme s'y précipita en jetant des cris déchirants : c'était Édith!... — En revoyant Mina, sa sœur bien-aimée, l'amie de son enfance, couchée sur ce lit de douleur, si pâle, si amaigrie et si calme, elle la crut morte : et, frappée d'une douleur terrible, elle tomba évanouie en s'écriant :

— Dieu te punira, Elspeath, car tu as tué un ange!

Sir Hamersley, qui suivait sa fille, s'empressa de l'emporter loin de ce lieu funeste, tandis que sir Johnston cherchait à rendre quelque force à Mina, que cette scène déchirante avait totalement abattue : et quand il la vit un peu mieux, il la quitta un instant pour aller retrouver ses amis et interroger la jeune femme sur les paroles étranges qu'elle avait prononcées. La maladie de sa bien chère Mina avait donc une cause qu'il ignorait?

Il trouva Édith entièrement remise et causant vivement avec son père. Elle lui racontait toute la scène qui s'était passée dans leur visite à la veuve de Mac-Clamor. Sir Johnston l'écouta avec découragement, tandis que les yeux de sir Hamersley semblaient briller d'un éclat étrange.

— La vie de toutes les créatures est dans la main de Dieu seul, dit-il avec exaltation. Priez-le donc avec ferveur, vous, sir Francis, pour qu'il vous rende votre fille; vous, Édith, pour qu'il vous laisse votre sœur; car ce que je viens d'entendre me donne quelque espoir de pouvoir la sauver. Je connais les effets terribles de l'imagination; car qui est plus superstitieux que le matelot, dites-le-moi?... Depuis que je cours les mers, j'ai vu des exemples bien étranges en ce genre. Je ne veux pas m'expliquer davantage; mais je vous demande, Johnston, de me laisser la direction de votre chère malade. Je sais un peu de médecine, comme tout bon marin doit en savoir. et j'ai pour elle le cœur d'un père. — Ne voulez-vous pas m'accorder ce que je vous demande?

Sir Francis, incapable de répondre autrement que par des larmes, se précipita dans les bras de son ami, qui venait de lui entr'ouvir le ciel en lui montrant de l'espérance: et tous trois rentrèrent dans la chambre de Mina.

Sir Hamersley prit le bras amaigri et inerte de la malade. compta les pulsations de son pouls fiévreux; ensuite il l'interrogea doucement. évitant de la fatiguer. Puis, goûtant les diverses boissons que les médecins avaient ordonnées. il les jeta au feu et sortit. après avoir laissé Édith et son ami tous deux installés aux côtés de ce lit de souffrance.

Quand sir Hamersley eut quitté la chambre de Mina. il appela Dick, vieux marin brave et intelligent. qui depuis de longues années l'avait suivi dans tous ses voyages. et lui parla longuement en semblant lui faire les recommandations les plus vives.

— Que Votre Grâce reste en paix. fit Dick aussitôt que

son maître eut fini son discours ; et si je n'amène pas
dans les eaux de Votre Honneur cette vieille frégate dé-
mâtée, je veux que jamais durant ma vie un verre de
wisky n'approche de mes lèvres sans se changer en eau
fraiche, et naviguer toujours sur de mauvais chasse-marée
au lieu d'avoir l'honneur d'accompagner Votre Grâce sur
les superbes vaisseaux de Sa Majesté Britannique ! Et après
avoir fini ce serment, aussi sacré pour lui que, jadis, celui
que les dieux faisaient par le Styx, le brave marin s'é-
lança hors de l'appartement ; et bientôt après on put le
voir franchir d'un pas rapide le chemin qui conduisait
aux montagnes.

Cette première opération terminée, sir Hamersley, ayant
demandé un réchaud rempli de charbon et divers autres
ustensiles, s'enferma dans sa chambre une grande partie
de la journée.

Quand il revint auprès de la malade, il la trouva plus
faible et plus abattue encore. De douloureux soupirs s'é-
chappaient de sa poitrine oppressée, et des larmes brû-
lantes glissaient lentement le long de ses joues pâles et
glacées. La malheureuse enfant calculait avec douleur
combien peu d'heures la séparaient encore du moment
où il lui faudrait quitter la vie et les êtres chéris réunis
autour d'elle. Sir Johnston, aussi pâle, aussi glacé que sa
fille, avait perdu son dernier espoir ; Édith pleurait et
priait en silence ; le ministre de Dieu, qui venait chaque
jour voir notre intéressante malade et avait voulu passer

cette nuit cruelle avec ses amis, l'exhortait doucement à
la résignation et au courage; tandis que sir Hamersley,
profondément préoccupé, examinait avec une attention
qui tenait de l'angoisse les traits altérés de Mina, tout
en lui administrant de distance en distance quelques
gouttes d'un flacon qu'il avait apporté avec lui, liqueur
qui, loin de rendre des forces à la malade, semblait les
détruire encore, car on la voyait s'affaiblir comme la lueur
légère d'une lampe qui lutte contre le vent : elle vacille
d'abord doucement en jetant de pâles reflets, puis elle
s'alanguit et elle meurt. Ce fut à peu près ce qui arriva à
la pauvre Mina; car à peine le jour venait-il de paraitre
qu'elle laissa échapper un violent soupir, une sueur
froide découla à larges gouttes de son front, et elle s'é-
teignit.

— Ma fille!... mon enfant!... elle est morte!... s'écria
le malheureux père en voulant s'élancer sur le lit funèbre.

Mais sir Hamersley le retint vivement par le bras.

— Ne la touchez pas, malheureux! vous la tueriez sans
ressources!... s'écria-t-il. — Puis élevant les mains vers
le ciel : — A genoux tous, dit-il, à genoux et prions Dieu:
car quelques instants vont décider de l'existence de cet
ange que le ciel nous dispute.

Et donnant l'exemple il se prosterna devant Celui de
qui vient tout secours et tout espoir; chacun l'imita.

Une demi-heure se passa ainsi: alors sir Hamersley se
leva, s'approcha de Mina, dont la figure calme et reposée

montrait bien moins la souffrance que le repos, et étendant
sa main vers le malheureux père, qui semblait aussi mou-
rant que celle qu'il pleurait, il s'écria :

— Le Dieu tout-puissant a béni nos efforts; votre fille
est dès ce moment hors de danger!

Vous dire la joie mêlée d'inquiétude et pourtant de
bonheur de sir Johnston et d'Édith est impossible à ma froide
plume. Sir Francis voulait réveiller sa fille pour l'entendre parler, pour la voir, la regarder encore, pour retrouver
la vie en elle, en un mot: mais sir Hamersley s'y opposa
formellement.

— Vous la tueriez, lui dit-il, et cela sans remède; car
ce n'est pas la maladie qui veut vous l'enlever, c'est son
imagination blessée. Il faut qu'elle reste vingt-quatre heures
endormie : il faut que cette terrible nuit, nuit qu'elle croyait
devoir être la dernière pour elle, soit terminée quand
elle reprendra sa connaissance. Voilà à quoi ont tendu
mes efforts, et voilà à quoi, avec l'aide de Dieu, je suis
arrivé; que béni soit son nom!

Malgré ces paroles rassurantes, la journée et la nuit se
passèrent pour le malheureux père et même pour Édith
dans une inquiétude cruelle ! La figure de Mina semblait
bien calme et souriante : mais son immobilité, le froid qui
la couvrait, les glaçaient de terreur, et tous deux interro-
geaient souvent notre marin pour reprendre de la confiance.

Quelque cruelles et terribles que soient les heures, elles

viennent, comme les heures de bonheur, s'inscrire à leur
tour sur le cadran de l'éternité ; et la journée et la nuit du
24 décembre s'écoulèrent enfin. Comme le joyeux carillon
du jour de Noël se fesait entendre, Mina, poussant un nouveau soupir, ouvrit doucement les yeux.

— Où suis-je ? dit-elle en regardant autour d'elle : et
un léger sourire se dessina sur ses lèvres en voyant ses amis
réunis autour de son lit. Puis tout à coup elle détourna la
tête avec découragement. — Ah ! je me souviens, fit-elle...
Sa cruelle pensée lui était revenue avec la vie.

Sir Johnston et Édith tressaillirent et prirent sa main
comme pour lui répondre : mais sir Hamersley, les ayant
encore retenus, sonna vivement sans rien dire. Quelques
instants après, le brave Dick, orné de rubans comme une
châsse, entra suivi de l'intendant et du sommelier.

— Que venez-vous faire ici, misérable ? dit en le voyant
sir Hamersley, jouant une vive colère et mettant son poing
sous le nez du matelot. Comment ! je vous ai appelé toute
la nuit, et personne n'a pu vous trouver ! Allez-vous-en
et que je ne vous voie de longtemps, ou je vous chasse !

— Mais, Votre Honneur, fit le brave marin avec embarras et se frottant l'oreille comme pour trouver à se sortir de
peine, n'ai-je donc pas obéi à vos ordres en allant faire
Christmas avec mes amis pendant cette nuit de Noël ? Et
Votre Grâce ne m'a-t-elle pas dit hier : « — Dick, pour
célébrer la convalescence de notre chère Mina, que voici
heureusement hors de danger, je te paye une oie grasse.

des galettes d'orge et du wisky à volonté pour régaler les amis et faire un joyeux Christmas » ? Et j'amène mes amis pour assurer à Votre Grâce que nous avons bu gaiement à sa santé et à celle de miss Mina, qui va enfin guérir. Et même, pour que Dieu nous accorde la santé de notre chère miss. nous avons fait la charité de nos restes à la vieille Elspeath, qui courait comme une âme damnée, cette nuit, tout autour du château, et qui, en apprenant la convalescence de notre malade, a manqué d'en mourir de joie, à preuve qu'elle est encore en bas dans la cuisine à se chauffer devant un bon feu.

En entendant le discours sans suite du bon Dick, Mina, inquiète et palpitante, semblait suspendue à ses lèvres ; elle n'osait pas l'interroger dans la crainte d'une déception cruelle. Comment! la nuit de Noël était passée!... comment! minuit, cette heure si terrible pour elle, avait tinté son heure fatale sans que son âme se fût envolée!... Elle n'était donc pas condamnée à mourir?

Sir Hamersley, qui lisait avec attention toutes les pensées qui se succédaient dans l'âme de la malade, pensées qui se devinaient facilement sur son charmant visage, la laissa d'abord quelques instants dans le vague de l'inquiétude, puis il s'écria vivement :

— Allons! je te pardonne, mon brave Dick. Crois-tu que j'avais oublié que la nuit qui vient de s'écouler était celle de Noël? Il paraît qu'on ne sait plus comment on vit quand on est auprès des malades. Mais voilà qui met le bon droit

de ton côté, ajouta-t-il en prenant l'almanach et semblant
y chercher le jour du mois; c'est bien aujourd'hui jour de
Noël. Va donc te coucher tranquillement, si tu veux dormir un somme, afin que Christmas te soit léger.

A peine sir Hamersley avait-il achevé de parler que
Mina s'écria avec exaltation : — Oh! merci, mon Dieu.
merci! — Et, poussant un cri, elle tomba évanouie.

— Le bonheur ne tue pas!... fit sir Hamersley en souriant et s'élançant vers elle pour lui porter secours. Effec-
tivement, au bout de quelques minutes, elle ouvrit les yeux
et rendit avec joie les caresses qui lui étaient prodiguées;
mais son docteur, craignant de la fatiguer, exigea que tout
le monde quittât sa chambre. Au moment où Édith s'était
penchée vers la malade pour l'embrasser, celle-ci lui dit
doucement à l'oreille :

— Fais rester Elspeath ici, je veux lui parler.

Lady Lesly, inquiète, ne savait que répondre : mais
ayant jeté un regard sur son père, qui avait entendu la
demande et qui lui faisait signe de promettre, elle assura
son amie que son désir serait rempli et s'éloigna le cœur
joyeux.

Le mieux qui s'était déclaré dans la position de notre
intéressante malade fit des progrès si rapides, qu'en peu
de jours elle entra en pleine convalescence. Chaque matin
elle demandait à Édith de conduire auprès d'elle la vieille
Elspeath dans un moment où toutes deux pourraient rester
libres: mais son amie, d'après les conseils de son père,

remettait toujours l'entrevue au lendemain. Enfin sir Hamersley ayant permis ce qu'il regardait comme le perfectionnement de sa cure, sa fille conduisit enfin la veuve de Mac-Clamor dans la chambre de leur chère malade; seulement il eut le soin de se tenir auprès du lit, dans un cabinet caché, afin de tout entendre et d'être à même de porter secours si ses soins étaient utiles.

Quand Elspeath entra dans la chambre de Mina, celle-ci tressaillit de tous ses membres; mais la physionomie de la vieille Écossaise était tellement changée, que sa terreur se changea aussitôt en pitié.

— Oh! pardonnez-moi ma mauvaise action envers vous, miss Mina! dit-elle en tendant des mains suppliantes vers celle qui avait failli être sa victime et laissant échapper ses larmes en voyant la jeune fille si pâle et si faible encore. C'est mon méchant orgueil qui est l'auteur du mal; et je voulais soumettre votre fierté, mais non causer votre mort, Dieu m'en est témoin. Aussi j'ai manqué mourir de douleur moi-même quand j'ai appris votre maladie terrible. Alors j'ai tenté de venir auprès de vous pour vous dire que ma fatale prédiction n'était pas véritable; mais l'on n'a pas voulu me laisser pénétrer dans la maison: les domestiques sont sans pitié pour le pauvre monde!... Je sentais pourtant que je vous aurais guérie quand vous auriez su que je connaissais d'avance ce que j'avais prédit à miss Édith. Dick avait fait dire à sa mère son retour, et comme je savais qu'il accompagnait toujours

Son Honneur sir Hamersley, je pouvais annoncer son arrivée à coup sûr. Puis j'avais appris aussi que le baronnet Lesly était dans le pays pour connaître miss Édith, et que son projet était de la demander en mariage à son père. Vous voyez, miss Mina, que, munie de tous ces renseignements-là, il ne m'était pas difficile de faire une bonne sorcière, ajouta-t-elle avec un douloureux sourire; et quand on est malheureux, le diable vous tente si facilement, qu'il est presque toujours impossible de lui résister.

Mina sourit à son tour en entendant l'excuse bizarre que lui donnait la vieille Elspeath pour obtenir son pardon; et, lui ayant fait promettre de renoncer à un métier aussi dangereux qu'immoral, elle s'engagea à se charger de son avenir.

La pauvre Écossaise, attendrie de remords et de bonheur en entendant ces charitables promesses, baisait les mains pâles et amaigries de sa jeune bienfaitrice et les couvrait de douces larmes.

Alors sir Hamersley, craignant que si cette scène se prolongeait elle ne pût fatiguer la malade, entra en riant, et embrassant tendrement Mina :

— Votre bonne œuvre nous portera bonheur à tous, chère Mina, dit-il; car je viens vous apporter la nouvelle d'un mariage.

— Et qui se marie donc, que vous êtes si joyeux ? fit la jeune fille avec étonnement.

— Vous, si vous le voulez bien, chère, bien chère fille !

dit à son tour sir Johnston, qui avait suivi son ami : car
voici une proposition que je reçois. Elle vient du frère du
mari de notre bien-aimée Édith ; ainsi nous ne ferions toujours qu'une même famille. Vous l'avez connu dans votre
voyage ; que dois-je lui répondre ?

Mina serra tendrement la main de son père en rougissant.

— Vous répondrez oui, cher sir Francis, fit Édith en
riant : car je me porte garant de Mina, et je déclare que
qui ne dit mot consent. Seulement, ajouta-t-elle plus gravement, j'y mets pour condition que quand Mina sera mère
de famille elle prêchera d'exemple à ses enfants ; et que
quand elle leur dira, entre autres vérités, que l'imagination est la folle du logis, elle ne lâchera pas si bien la
bride à la sienne, que de folle à lier elle la rende homi-
cide.

LES BELLES DE NUIT

LE DANGER DE LA PEUR

LES BELLES DE NUIT

ou

LE DANGER DE LA PEUR

Dans les environs de Saumur, au petit village de Montreuil, vivait, il y a peu d'années encore, une modeste famille, simple de cœur et craignant Dieu, mais fort superstitieuse, comme tous les habitants de ce bourg, croyant aux revenants, aux apparitions, redoutant *les charmes*, s'effrayant *des sorts*, ayant une foi sans borne dans les sorciers, aimant par-dessus tout les légendes ; en un mot, aussi arriérée dans sa naïve crédulité que le sont en général les Bas-Bretons et les habitants du Morbihan en particulier.

L'aspect de ce pays fait comprendre, s'il ne l'excuse pas, cette propension aux idées superstitieuses de ses habitants, car les monuments celtiques y abondent, monuments qui rappellent à l'esprit les Celtes et les druides et impressionnent assez vivement la pensée pour faire reverdir, devant les regards de l'imagination, qui voit ce qui n'est plus comme ce qui n'est pas encore, les antiques forêts qui ombrageaient ces temples rustiques.

Alors on se sent frappé de respect ou d'horreur, suivant la cérémonie de leur culte sur laquelle on s'arrête ; et le *dolmen* de Montreuil, le plus grand et le mieux conservé de ces monuments qui existent encore en France, vous inspire ce dernier sentiment.

Vingt, trente, quarante siècles, peut-être, se sont écoulés depuis qu'il est élevé. Combien de constructions dans le monde peuvent compter autant de quartiers de noblesse ?... Il est formé par de grandes pierres plantées en terre, représentant un carré long d'environ sept mètres de large sur dix-neuf de long, et se compose de quinze pierres plates, en grès, dont onze forment les murs et quatre le toit.

Vous voyez que cette architecture doit dater des premiers âges du monde, car on n'y trouve aucune trace de l'art : seulement on dit que les êtres qui ont élevé ces *huttes* de pierre devaient être des géants; on ne saurait pas autrement comprendre comment ces pierres ont été soulevées par des hommes.

Il parait que c'est du fond de ces *dolmens*, ou du haut de leur toit, que jadis de vénérables druides, vêtus d'une longue robe blanche, la tête ceinte d'un bandeau de feuilles de chêne, prêchaient la sagesse aux nations ; ils proclamèrent les premiers dans les Gaules l'idée sublime d'un Dieu universel et l'immortalité de l'âme, et donnèrent pour base à l'édifice social la bravoure et l'attachement à la patrie.

Voilà ce qui fut très-beau dans le principe. Mais s'il est vrai que le druidisme eut son âge d'or, cet âge d'or dura peu, et l'âge de fer ne tarda pas à le remplacer ; car les druides associèrent à leur Dieu unique une foule de méchantes divinités que l'on ne pouvait apaiser, disaient-ils, qu'avec des victimes humaines, et à l'aide de cet odieux prétexte ils se débarrassaient de tous les gens qui les gênaient.

Lorsqu'il y avait des vagabonds et des criminels, on les prenait de préférence, sans doute ; mais quand on en manquait, comme il fallait des sacrifices à tout prix, c'était alors que les druides exerçaient leur vengeance particulière sur les malheureux qu'ils avaient condamnés à disparaître du monde.

Les victimes étaient renfermées vivantes dans de grandes statues d'osier ; on les environnait de bois, on y mettait le feu, et bientôt elles étaient dévorées par la flamme qu'activaient les sacrificateurs.

Ces sacrifices avaient toujours lieu durant la nuit ; car ces peuples croyaient descendre de *Dis*, le dieu des ténèbres, et d'après cette opinion ils ne comptaient jamais le temps par les jours, mais par les nuits ; encore à notre époque. le peuple de ces contrées vous dira : « *à-nuit* et *d'à-nuit* en huit, » pour dire aujourd'hui et d'aujourd'hui en huit.

Le premier jour de chaque année, les Gaulois s'assemblaient encore autour de ces *dolmen* pour y sacrifier des taureaux qui n'avaient jamais travaillé, et les druides coupaient solennellement alors le gui de *l'an neuf* qu'ils distribuaient ensuite aux nobles comme présents. De cet usage sans doute est venu celui de donner des étrennes; car les restes de cette cérémonie se perpétuent encore en Anjou. Ainsi le premier jour de l'an les enfants parcourent les rues avec du gui de chêne qu'ils colportent de maison en maison en demandant leurs étrennes par ces mots :

— Donnez-nous le *gui de l'an neu*.

Phrase qui se traduit pour eux en dons de sucreries ou de piécettes de monnaie.

Mais laissons ces curiosités du pays pour vous parler un peu des héros de notre histoire, maintenant que nous vous avons fait comprendre, nous l'espérons du moins, combien, avec ses *dolmens* et sa forêt de *menhirs* dans le lointain, c'est-à-dire un champ funèbre dans lequel s'élèvent, droites et pressées, ces pierres à l'aspect fantastique que les Gaulois nos pères plaçaient sur la tombe de leurs morts, le bourg où ils vivaient prêtait à la superstition et à la terreur: et il va sans dire que toutes ces croyances, toutes ces terreurs qui se trouvaient chez les hommes s'exagéraient encore d'une façon effrayante dans les petites têtes des enfants du lieu.

Tout le monde a pu remarquer quelle différence immense il existe entre l'enfant de la ville et l'enfant de la campagne. Le premier, hautain, bavard, lutin, fait le monsieur dès qu'il porte culotte, se croit un personnage quand il atteint dix ans, et à tout âge se rebiffe en maître dès qu'on ose lui résister.

Le second, au contraire, timide, tremblant, muet, rougit d'aussi loin qu'on le regarde, et si on lui adresse la parole il penche la tête sans rien répondre, baisse les yeux tout en vous regardant sournoisement en dessous, mord ses doigts d'un air niais et gratte la terre avec ses sabots.

Ce dernier portrait est celui du petit Jeanie, avec lequel nous allons faire plus ample connaissance.

Le pauvre enfant avait eu le malheur immense de perdre sa mère en venant au monde, et il avait été élevé par son aïeule, honnête vieille, excellente femme au demeurant, mais conteuse, bavarde, crédule, et mettant les apparitions, les sorciers et les lutins au rang des articles de foi que la religion nous ordonne de croire.

Tous les enfants aiment les histoires à la folie : qu'elles soient lugubres ou risibles, croyables ou impossibles, peu leur importe ; et la bouche ouverte, les yeux dilatés, les narines frémissantes, le corps immobile, ils écoutent et aspirent, avalant les plus grotesques avec un plaisir sans égal.

C'est que leur intelligence s'éveille: et combien on est coupable de chercher à satisfaire par des récits en dehors du vrai cette providentielle curiosité !

Donc Jeanic était curieux; il aimait plus encore à entendre les longs récits de sa grand'mère que celle-ci ne se plaisait à les débiter, et il était advenu dans l'enfant une terreur de toutes choses en général, et de l'obscurité en particulier, qui le rendaient, le pauvre être, le plus malheureux du monde.

— Bonne-maman, un conte de *filles de minuit* ou de *poulpiquets?* demandait notre petit héros en s'appuyant, les oreilles droites et les yeux ouverts, sur les genoux de la bonne femme, tandis qu'elle faisait tourner son fuseau avec rapidité.

Et les *filles de minuit*, avec leurs longs voiles blancs, et les *poulpiquets*, avec leurs méchants tours, de défiler dans une longue narration fort accidentée.

— Une histoire de sorcier, bonne-maman? demandait ensuite l'insatiable Jeanic, en essuyant son front perlé de grosses gouttes de sueur causées par la terreur qu'il éprouvait.

Et la bonne femme faisait aussitôt entrer en scène les sorciers avec leurs crimes, leurs épouvantables ressources. y joignant des meurtres, des cris, du sang, des ténèbres, de façon à faire frissonner le pauvre enfant jusque dans la moelle de ses os.

Les chaumières angevines, comme les chaumières

bretonnes, ont une pièce principale à laquelle tout le reste
du logis est sacrifié; il y a bien des cabinets dans l'entou-
rage, des coins utilisés pour le coucher de la famille et
pour d'autres usages; mais la grande chambre forme presque la maison à elle toute seule.

Là se trouve d'ordinaire une vaste cheminée, dont l'au-
vent ressemble à un portail d'église, et dont la profondeur
est telle, qu'on y pourrait brûler un chêne tout entier si,
pour économiser le bois qui n'est pas rare, mais qui est
trop cher pour la bourse du pauvre, on n'y entretenait pas
un feu constant de tourbe et d'ajoncs.

Un soir d'hiver, la grand'mère de Jeanic avait réuni
chez elle tous ses voisins pour faire la veillée autour de
l'âtre gigantesque bien embrasé, tandis qu'à l'une des
murailles pendait une lampe en fer au long bec, distri-
buant comme à regret sa lumière blafarde et vacillante.

Les femmes filaient en caquetant, les jeunes filles tres-
saient de la paille en chantant une complainte sur un air
monotone, chant que les jeunes gens accompagnaient en
battant des pieds le sol tout en tournant de petits cocos
pour faire des graines de chapelet, — les chapelets sont
un des principaux commerces de Saumur et de ses environs, — les vieillards devisaient sur la récolte passée, et
Jeanic, seul enfant qui se trouvât à la veillée, dormait
presque, appuyé sur le chambranle de l'énorme cheminée
flamboyante.

— Vous savez la nouvelle? dit tout à coup l'un des assistants : la pauvre mère Luchet de la Trochoire a perdu sa fille !

Un hélas général répondit à ces paroles.

— On lui aura bien sûr jeté un sort, car elle était trop mignonne pour mourir comme ça ! exclama la grand'mère de notre petit héros en secouant la tête.

— D'autant qu'elle est morte huit jours, jour pour jour, après avoir fait sa première communion ! dit une vieille voisine sur le même ton, tout en tournant son rouet ronronnant.

— Ce sera une *belle de nuit,* reprit en chœur l'auditoire.

— Qu'est-ce que c'est donc qu'une belle de nuit ? demanda en ouvrant ses yeux tout grands le petit Jeanic s'adressant à un vieillard qui fumait tranquillement sa pipe à côté de lui.

Le vieillard, sans répondre, poussa longuement sa bouffée de tabac en passant paternellement sa main sur la tête du curieux interrogateur.

— Bonne-maman ! cria alors l'enfant.

— Eh bien ! que veux-tu, mon gars ? répondit à son enfant la grand'mère.

— Qu'est-ce que c'est donc qu'une belle de nuit, dites ? fit Jeanic derechef.

— Ah ! dame, une belle de nuit, c'est une revenante ! dit la crédule vieille en hochant la tête d'un air inquiet ; c'est comme qui dirait un ange en robe blanche avec des ailes de flammes bleues, entouré de nuages et portant au front une couronne d'étoiles.

Jeanic écoutait sa narratrice, le cœur palpitant.

— Est-ce que vous en avez vu, grand'mère? demanda-t-il quand la bonne femme eut fini sa fantastique description.

— Certainement que j'en ai vu, et bien des fois encore! répondit celle-ci qui voulut se donner de l'importance aux yeux de ses auditeurs ; puis, désirant joindre une leçon de morale pour son petit-fils, elle continua en souriant :

— Je crois que c'est le bon Dieu qui envoie de temps en temps quelques-uns de ses anges pour savoir si tout le monde est bien sage sur la terre, entends-tu, mon gars; et quand les petits enfants sont désobéissants, quand ils sont gourmands, menteurs et qu'ils déchirent leurs hardes, les belles de nuit viennent, pendant que tout le monde dort, les secouer dans leurs berceaux et les tirer par les pieds ; retiens bien ça, petit.

L'enfant, effrayé, oppressé, étouffa un soupir plein d'inquiétude, et tout le reste de la soirée il demeura muet, songeur, fixant le feu avec une grande anxiété.

— Mon doux Jésus, j'ai désobéi ce matin, se disait-il intérieurement; si j'allais recevoir à minuit la visite de la fille à la mère Luchet, qui est morte et devenue *belle de nuit!* Mon Dieu! mon Dieu! j'en mourrais de peur!

Et rien que d'y penser les dents du petit Jeanic claquaient les unes contre les autres.

Quand arriva l'heure de se coucher, notre pauvre héros était tout frissonnant ; sa grand'mère, après que sa prière fut faite, le baisa au front et lui prit les deux mains pour le déshabiller ; mais le front et les mains étaient aussi froids que de la glace.

— Comment! tu es gelé comme ça, mon mignon! et tout près du feu encore! Mais tu es donc malade, mon pauvre fieu! s'écria la bonne femme en attirant l'enfant sur son giron.

— Non, grand'maman, non, je n'ai pas de mal, fit l'enfant toujours grelottant.

— Attends, attends, mon petit, je vais te réchauffer tout de suite, dit la grand'mère en le portant sur son lit ; fourre-toi sous tes couvertures bien vite, puis tu boiras une bonne tasse de vin bien chaud, et après ça il n'y paraîtra plus.

Jeanic obéit sans mot dire ; il se coucha, but le vin chaud et sucré que lui apporta sa grand'mère et chercha à s'endormir ; mais les récits de la soirée lui bourdonnaient toujours aux oreilles ; car la légende des *belles de nuit* n'avait été que le précurseur d'une foule de contes du même genre ; aussi, quand sa grand'mère eut emporté la lumière du petit cabinet où se trouvait son lit, son pauvre cœur se mit-il à battre dans sa poitrine d'une façon furibonde.

D'abord le malheureux enfant, voulant lutter contre cette impression terrible tourna la tête du côté de la fenêtre, par laquelle cherchait à se glisser une faible lueur; mais bientôt il poussa un sourd gémissement en fourrant sa tête sous ses couvertures, car, à l'aide de son imagination si fortement impressionnée, il avait cru voir deux grands yeux de feu qui le regardaient à travers les vitres.

Quelques instants après, un meuble craqua dans la chambre ; alors Jeanic se ramassa en boule : ses genoux touchaient à son menton ; on eût dit que, craignant l'attaque d'un ennemi, il se rapetissait ainsi pour lui donner moins de prise, et, l'oreille au guet, le cou gonflé, la poitrine haletante, il attendit l'événement terrible qu'il pressentait.

Mais comme il ne vint pas, sur-le-champ du moins, le vin chaud produisant son effet, notre petit poltron, sans changer de position, s'endormit bientôt d'un très-profond sommeil.

Cependant voisins et voisines étaient partis, le feu agonisait dans l'âtre, et la vieille grand'mère venait de ranger son rouet pour aller se coucher à son tour, quand une voix bien connue se fit entendre à la porte :

— C'est moi, la mère, ouvrez! disait-elle gaiement.

Et, la porte s'étant ouverte, un homme d'une trentaine d'années entra et se jeta au cou de la bonne femme.

Ce nouveau visiteur était son fils, le père du petit Jeanic, employé comme garde-côte entre Nantes et Pornic, et qui, ayant obtenu quelques jours de congé, venait les passer dans sa famille.

Les gardes-côtes sont des douaniers armés de pied en cap, et toujours accompagnés de grands chiens : car ces animaux sont les meilleurs surveillants contre la contrebande maritime. On les dresse à cette chasse d'une façon incroyable et ils flairent le contrebandier d'une lieue.

Donc le père de Jeanic entra avec son chien dans la chaumière de sa mère, chien dont il venait de faire l'acquisition depuis peu ; aussi, pendant que son maitre épanchait son cœur avec la bonne femme, l'animal se mit à rôder partout pour prendre connaissance des lieux, et cela sans que ni la mère ni le fils y prissent garde.

Tout à coup l'un et l'autre entendirent un cri terrible retentir dans le cabinet où couchait Jeanic, et des gémissements convulsifs y succéder. Ils s'y élancèrent avec terreur.

Hélas ! le pauvre enfant, que nous avons vu tout à l'heure si agité et si tremblant, s'était endormi de ce sommeil lourd, sommeil malsain qui conduit au cauchemar : aussi rêvait-il fantômes effrayants, *belles de nuit* échevelées, quand il fut réveillé par une réalité bien plus affreuse encore que ses songes pour son esprit malade.

Le chien de son père, en flairant partout, s'était introduit dans la chambre où couchait notre petit poltron. C'était un bel animal au long poil, à la robe fauve, à la tête fine, aux yeux brillants, de la taille et de l'aspect d'un loup de belle race.

Vous pouvez imaginer vous-même, sans que j'aie besoin de vous le dire, la terreur qu'éprouva Jeanic quand il fut réveillé en sursaut par un bruit de pas qui s'entendait distinctement autour de son lit, pas accompagnés de la respiration de l'animal qu'il prit pour des gémissements.

Il ouvrait de grands yeux sans pouvoir rien distinguer, tant l'obscurité qui l'entourait était profonde ; il retenait son haleine pour mieux entendre encore ce qui l'effrayait si fort ; il n'osait pas faire le moindre mouvement dans la crainte de sentir quelque chose de terrible ; ni crier, car le bruit de sa voix même eût augmenté sa peur.

Mais, ô terreur! tout à coup il sent ses draps remuer ; il lui semble qu'on le prend pour l'emporter. Un souffle brûlant pénètre ses draps, il croit sentir une odeur de soufre... Ce ne sont plus les *belles de nuit*, c'est le diable en personne dont il pense être victime.

Alors sa frayeur ne connut plus de bornes, elle fit explosion dans un cri terrible et suivi d'une convulsion des plus dangereuses.

Ce n'était pourtant que le pauvre chien qui avait causé tout ce mal en se dressant sur ses pattes de derrière et en s'appuyant sur le lit pour pouvoir mieux en flairer le contenu à son aise.

On comprend la douleur du père et de la grand'-maman de Jeanic en voyant le pauvre enfant dans un si piteux état, d'autant que la convulsion se termina par une fièvre terrible qui faillit l'emporter. Et comme pendant

son délire il parlait sans cesse des sorciers, des lutins ou
autres diableries, le douanier garde-côte, qui était un
homme de bon sens, devina d'où venait le mal de son
petit garçon ; aussi, quand celui-ci fut rétabli, sous le
prétexte raisonnable de vouloir lui faire donner de l'éducation à Nantes, il l'emmena avec lui, l'habitua peu à peu
à l'obscurité dont il avait si grand'peur, lui prouva que
les sorciers et les lutins n'existaient que dans les contes
de sa grand'mère ; enfin il en fit, par son exemple, un
petit garçon aussi dégourdi et aussi brave que jusque-là il
avait été lourd et poltron.

Et ce changement rendit Jeanic bien heureux ; car alors
il reprit l'heureuse gaieté de son âge, que jusque-là l'inquiétude constan. .'ans laquelle il vivait couvrait d'un
voile sombre, et il riait tout le premier de la peur qui
l'avait rendu si malheureux autrefois : aussi *Bravo*, le bon
chien qui, sans s'en douter, lui avait donné la dure leçon
à laquelle il devait sa guérison, devint-il son ami le plus
cher, et quand il voyait quelqu'un de ses petits camarades
montrer peu d'énergie et trembler à quelque récit fantastique, il leur disait :

— Prends garde ! je t'enverrai *Bravo* à minuit, pour
t'apprendre qu'il n'y a de sorciers et de revenants que
dans notre esprit, et tu te souviendras toujours de la leçon
qu'il te donnera, je t'assure !

TABLE DES MATIÈRES

———

FIN DE LA TABLE.

———

Sceaux. — Imprimerie M. et P.-E. Charaire.

www.ingramcontent.com/pod-product-compliance
Lightning Source LLC
Chambersburg PA
CBHW072054080426
42733CB00010B/2113